Harald Vogel

»Was darf die Satire?«
Kurt Tucholsky und Erich Kästner
– ein kritischer Vergleich

ilri Bibliothek Wissenschaft, Bd. 13

© **Verlag Ille & Riemer**
Leipzig – Weissenfels

1. Auflage 2015

Umschlaggestaltung, Satz und Layout: Mediengestaltung Wiese, Leipzig
mediengestaltungwiese.de

ISBN: 978-3-95420-015-3 (Print)
ISBN: 978-3-95420-115-0 (ePUB)
ISBN: 978-3-95420-215-7 (ePDF)

Alle Rechte vorbehalten

ilri Bibliothek Wissenschaft
Band 13

Harald Vogel

»Was darf die Satire?«

Kurt Tucholsky und Erich Kästner
– ein kritischer Vergleich

Inhalt

Es tut weh, Kästner wehzutun   S. 6
Sie waren klug, streitbar und am Ende unglücklich:
ein Gespräch über Kurt Tucholsky und Erich Kästner.

Ich habe Erfolg, aber keinerlei Wirkung (Tucholsky)   S. 10
Vergeblich leben ist schwer (Kästner)
Kurt Tucholsky und Erich Kästner
– zwei engagierte Schriftsteller.
Ein kritischer Vergleich

Was darf die Satire? (Tucholsky)   S. 54
Eine kleine Sonntagspredigt (Kästner)
Vom Sinn und Wesen der Satire.
Kurt Tucholsky und Erich Kästner – ein Diskurs

Halb erotisch – halb politisch (Tucholsky)   S. 102
Die kleine Freiheit (Kästner)
Kabaretttexte von Kurt Tucholsky und Erich Kästner.
Ein wirkungstypologischer Vergleich

»*Soldaten sind Mörder*«   S. 140
Kurt Tucholskys Artikel Der bewachte Kriegsschauplatz
in der ‚Weltbühne' (1931).
Sachtext und literarische Satire.
Diskurs und didaktisches Arrangement
unter Mitarbeit von Michael Gans

Downloadangebot: PowerPoint Präsentation: S. 154
»*Soldaten sind Mörder*«: Tucholskys Satz – Text – Kontext.
Didaktische Zugänge

Es tut weh, Kästner weh zu tun

Ein Gespräch zwischen Karin Großmann und Prof. Dr. Harald Vogel

Erich Kästner erzählt, wie er zufällig im selben Hotel wie Tucholsky in Brissago war und dieser ihm abends auf der Seepromenade am Klavier neue Chansons vorspielte – würden Sie es Freundschaft nennen, was beide verband?
Die Gemeinsamkeit ergibt sich eher durch die Arbeit, beide schreiben für Zeitschriften wie *Die Weltbühne*. Als Kästner 1929 dort anfängt, ist Tucholsky bereits eine literarische Instanz. Er betrachtet den neun Jahre jüngeren Kollegen beinahe wie seinen Schützling. In einer Rezension nennt er Kästners Gedichte »brillant« und »wunderbar gearbeitet«. Trotzdem ist er mit dem Ganzen nicht glücklich.

Was fehlt ihm?
Kurt Tucholsky ist ein hochgebildeter Intellektueller und Kosmopolit. Er spürt wohl, dass es Kästner, der aus kleinbürgerlichen Verhältnissen kommt, an politischer Kompetenz und Schärfe fehlt. »Da pfeift einer, im Sturm, bei Windstärke 11 ein Liedchen«, schreibt Tucholsky und ermahnt Kästner, die Zeit kritischer zu beleuchten.

Spürt Erich Kästner dieses Defizit?
Ich glaube, es ist ihm bewusst, dass er nicht heranreicht an die Konsequenz, mit der Kurt Tucholsky seine eigene Meinung äußert und verteidigt. Kästner spürt dessen Überlegenheit.

Hat er auf Tucholskys Kritik an seinen Gedichten reagiert?
Es ist zumindest nicht überliefert. Was im Nachlass von Erich Kästner noch unter Verschluss liegt, weiß ich nicht. Die Skizze vom Zusammentreffen in Brissago am Lago Maggiore ist der einzige Text, in dem Kästner den Kollegen porträtiert. Er zeigt sich selbst als Beobachter, der faul in der Sonne liegt, während Tucholsky unentwegt auf der Schreibmaschine tippt.

Ist die Diskrepanz zwischen Kästner und Tucholsky politisch begründet oder eher charakterlicher Natur?
Beides trifft zu. Deshalb entsteht auch keine wirkliche Freundschaft. Tucholsky ist ein politischer Kämpfer. Er streitet für Ehrlichkeit und Kompromisslosigkeit und kritisiert die Politik, wenn sie faule Kompromisse eingeht. Kästner nennt sich zwar einen Moralisten und Schulmeister, doch er löst diese Absicht nicht ein. In seinen Angriffen bleibt er oft allgemein. Sein Werk ist von Selbstbespiegelungen durchsetzt.

Aber er hat größeren Erfolg, er wird heute mehr gelesen als Tucholsky.
Seine Wirkung ist unbestritten. Er findet einen Ton, der die gebildeten Leser anspricht und die nicht so gebildeten. Wenn ich mit meinem Lyrikprogramm gastiere, gehören Texte von beiden Satirikern dazu. Kästner wird immer liebevoll aufgenommen; man fühlt sich gestreichelt von ihm. Bei Tucholsky wird hinterher diskutiert.

Kann man sagen, dass er auf die Veränderung der Gesellschaft zielt und Kästner auf die Veränderung des Einzelnen?
Der Einzelne ist beiden wichtig, das haben sie gemeinsam: Sie kritisieren selten die konkreten Protagonisten auf der politischen Bühne, sondern die Gesinnung ihrer Mitbürger. Tucholsky will das politische Bewusstsein seiner Leser schärfen, will sie befähigen, die Politik zu durchschauen. Kästner publiziert seine moralischen Postulate in der Hoffnung, die Leser würden sich daran halten.

Gehen Sie nicht zu streng mit ihm um?
Ich weiß, es tut weh, Kästner wehzutun. Aber jüngere Forschungen rechtfertigen die kritische Sicht. Er hat fast die Hälfte seines Werkes in der Nazizeit geschrieben, unter Pseudonymen, und ging dafür viele Kompromisse ein. In einem Brief bittet er die Reichsschrifttumskammer, das Publikationsverbot gegen ihn zurückzunehmen. Das kann man fast Anbiederei an die Faschisten nennen. Nach dem Krieg versucht er seine Rolle im Dritten Reich aufzuwerten und nimmt Bekenntnisse in sein Tagebuch »Notabene 1945« auf, die vorher nicht drin standen. Das finde ich unredlich.

Lassen Sie wenigstens seinen viel zitierten Spruch gelten: »Es gibt nichts Gutes, außer man tut es«?
Auf dieses eingängige Postulat fällt man leicht herein, wenn man nicht fragt, was es bedeutet, gut zu sein; wie viel Kraft und Widerstandswillen es kostet, das als gut Erkannte durchzusetzen. Erich Kästner selbst bringt diese moralische Kraft nicht auf, selbst wenn er nach außen hin Stärke und Selbstbewusstsein zeigt.

Entscheidet er sich deshalb anders als der Schweden-Exilant Tucholsky für die innere Emigration?
Dabei spielte auch seine überstarke Mutterbindung eine Rolle und das Geheimnis, das er mit der Mutter teilt: dass er vermutlich der Sohn des jüdischen Hausarztes Emil Zimmermann ist. Deshalb bleibt Kästner in Deutschland. Er lässt die Mutter in Dresden mit dem Geheimnis nicht allein.

Das Verhältnis zu Frauen scheint für Kästner wie für Tucholsky problematisch zu sein.
Ich glaube, sie sind beide bindungsunfähig, aus unterschiedlichen Gründen. Kästner hat viele kleine Lieben und zwei große – Ilse Julius, die früh verunglückt, und Friedel Siebert. Vor einer dauerhaften Bindung aber hat er Angst. Der tragische Beziehungskonflikt zwischen seiner Lebensgefährtin Marieluise Enderle und Friedel Siebert, der Mutter seines unehelichen Sohnes Thomas, hindert Kästner an der ersehnten Vaterrolle und verschärft sein psychisches Leiden im Alter. Tucholsky arbeitet mit unerhörter Produktivität, und das ist nur möglich, wenn er sich frei fühlt. Dauerhafte Beziehungen lebt er aus in den Briefen an Mary Gerold oder an die Schweizer Ärztin Hedwig Müller. So kompensiert er die Distanz.

Die Frage, welcher der beiden Satiriker Ihnen sympathischer ist, scheint sich zu erübrigen.
Ich habe Tucholsky schon als Schüler gelesen. Er hat mich auch politisch motiviert. Viele seiner Auffassungen haben geradezu etwas Prophetisches.

Auch die zum Pazifismus?
Ich stehe zu seinem Satz: »Soldaten sind Mörder.« Er wird von der Weltgeschichte bestätigt. Natürlich sehe ich auch, dass wir vielen Konflikten in der Welt hilflos gegenüberstehen. Aber wenn man im Pazifismus konsequent sein will, muss man fordern, dass jede Waffenproduktion eingestellt wird. Eine Waffe tötet. Ein gerechter Krieg ist nicht möglich. Wer will denn entscheiden, ob eine Gruppierung weniger mörderisch ist als die andere? Wer weiß denn, wo die Waffen bleiben, die etwa an die Kurden geliefert werden? Mit welchen Waffen der Islamische Staat schießt?

Sie meinen, diese Konflikte ließen sich mit Pazifismus lösen?
Das wäre ein Irrtum. Pazifismus ist eine Frage der eigenen moralischen Integrität. Wenn man Idealist ist, muss man Konsequenzen ziehen. Tucholsky hat es getan – und im Exil resignierend festgestellt: »Ich habe Erfolg, aber ich habe keinerlei Wirkung.«

Dieses Interview erschien am 17. Oktober 2014 in der »Sächsischen Zeitung« (Dresden) und wird hier mit freundlicher Genehmigung der »Sächsischen Zeitung« nachgedruckt, wofür wir herzlich danken.

Ich habe Erfolg, aber keinerlei Wirkung (Tucholsky)
Vergeblich leben ist schwer (Kästner)

Kurt Tucholsky und Erich Kästner – zwei engagierte Schriftsteller. Ein kritischer Vergleich[1]

Kurt Tucholsky und Erich Kästner werden literaturgeschichtlich gemeinsam mit Walter Mehring als Literaten der Weimarer Republik unter der Klassifizierung Vertreter der *Neuen Sachlichkeit*[2] sowie der *Gebrauchsliteratur*[3] eingruppiert. Als Lyriker und Journalisten sowie Autoren u. a. der Weltbühne[4], der einflussreichsten gesellschaftskritischen Zeitschrift der Weimarer Republik, werden Tucholsky und Kästner in den Literaturhandbüchern zusammen als politische Schriftsteller und politische Aufklärer sowie u.a. mit Mehring, Hollaender, Klabund und Ringelnatz als publikumswirksame Kabarettautoren beachtet. Literaturhistoriker räumen den sogenannten ‚Gebrauchsschriftstellern' der ‚kleinen literarischen und journalistischen Formen' weniger Aufmerksamkeit ein als den einschlägigen Romanciers und Dramatikern.

---

1   Der Beitrag ist ein erweiterter und überarbeiteter Vortrag vor der Kurt Tucholsky-Gesellschaft bei ihrer Jahrestagung im Erich-Kästner Museum in Dresden 2014. Weitere Hinweise und Erläuterungen vom Verf. zu den beiden Autoren beziehen sich auf die in der von Harald Vogel hrsg. Reihe »Leseportraits. Lesewege und Lesezeichen zum literarischen Werk«, Bd. 1 Harald Vogel: *Tucholsky lesen*, 2. aktualisierte Auflage, Baltmannsweiler 1997 und Bd. 4 Harald Vogel / Michael Gans: *Kästner lesen*, 2. Vollständig überarbeitete und aktualisierte Auflage, Baltmannsweiler 2013, erschienen im Schneider Verlag Hohengehren. Weiterhin zit. *Tucholsky lesen*, S... bzw. *Kästner lesen*, S...

2   Vgl. Walter Fähnders: *Avantgarde und Moderne 1890-1933*. Stuttgart, Weimar: Metzler 1998; Helmut Lethen: *Neue Sachlichkeit 1924-1932*. Studien zur Literatur des »Weißen Sozialismus«. Stuttgart: Metzler 1970

3   Zur poetologischen Diskussion der Positionierung als Gebrauchsliteraten und Gebrauchslyriker, „Vortragslyriker" und journalistische Schriftsteller vgl. u. a. die theoretischen Texte von Kurt Tucholsky: *Horizontaler und vertikaler Journalismus*, WB 13.1.1925, GW7, Nr.8, S.26ff.; *Auslandsberichte*, WB 12.5.1925, GW7, Nr.79, S.226ff.; *Gebrauchslyrik*, WB 27.11.1928, GW10, Nr.193, S.543ff. sowie Erich Kästners Texte: *Splitter und Balken. Publizistik.* G6 und das instruktive Nachwort der Herausgeber Franz Josef Görtz und Hans Sarkowicz, S.671ff..Sabine Becker und Ute Maack (Hrsg.) *Kurt Tucholsky. Das literarische und publizistische Werk*. Darmstadt: Wiss. Buchgesellschaft 2002; Dieter Mayer: *Kurt Tucholsky / Joseph Roth/ Walter Mehring. Beiträge zur Politik und Kultur zwischen den Weltkriegen*. Frankfurt am Main: Peter Lang 2010.

4   Ursula Madrasch-Groschopp: *Die Weltbühne. Porträt einer Zeitschrift*. Königstein/Ts.: Athenäum 1983 (als Ullstein Tb. 34307, Frankfurt/M-Berlin 1985; Elke Suhr: *Zwei Wege ein Ziel. Tucholsky, Ossietzky und die Weltbühne*. München: Weismann 1986; Stefanie Oswald hrsg. i. A. der KTG.: *Die Weltbühne. Zur Tradition und Kontinuität demokratischer Publizistik*. Dokumentation der Tagung »Wieder gilt: Der Feind steht rechts!« Röhrig Universitätsverlag St. Ingbert 2003

So stellen die Herausgeber einer Forschungsanthologie[5] von 2002 fest:
Noch immer gilt Tucholsky zwar als einer der bedeutendsten Publizisten der deutschsprachigen Literatur, eine umfassende Würdigung seines literarischen Werks jedoch steht nach wie vor aus. [...] Überhaupt ist die Mehrheit der vorliegenden Publikationen zu Tucholsky an politisch-historischen Fragen bzw. an der Erfassung seiner Schriften als journalistischer Tagesschriftstellerei und politischer Publizistik interessiert. [...] Diese einseitige Wahrnehmung und Gewichtung von Autor und Werk mögen Ursache davon sein, dass Letzteres bis heute in seinem literarischen und ästhetischen Dimensionen nicht erschöpfend behandelt ist.[6]
Für die literaturwissenschaftliche Einordnung des Werkes von Erich Kästner gilt nichts anderes, wenn man von den Arbeiten im Rahmen der Kinder- und Jugendliteratur absieht. Wie Mayer betont, werden die Autoren ‚Ringelnatz, Mehring, Tucholsky und Kästner' speziell beachtet in ihrer zeitgemäßen ‚Vortragslyrik' und deren Wirksamkeit in der Kabarettszene, »welche die Formenwelt und das Repertoire der älteren Volksdichtung ebenso aufgriff wie die der Chansons und Couplets im Pariser Cabaret oder der Songs aus der amerikanischen Kulturindustrie.«[7] Letzteres betrifft sicherlich besonders die ‚Songs' eines Bert Brecht der in dieser Weimarer Szene als eigenständig wahrgenommen wird.[8]

Es soll in unserer Betrachtung der vergleichende Blick auf die beiden Protagonisten Tucholsky und Kästner geschärft werden, um trotz festgestellter Gemeinsamkeiten die Unterschiede zwischen beiden Autoren zu kennzeichnen und ihre jeweilige Rolle auf der literarischen, kabarettistischen, journalistischen und gesellschaftskritischen Bühne zu kontrastieren.

---

5   S. Anm. 3 den Sammelband hrsg. von Becker / Maack

6   Ebenda Vorwort, S.7, an dieser Bilanz hat sich bis 2015 nichts geändert. Auch Dieter Mayer (2010, s. Anm.3) fokussiert seinen Blick auf die vielfältige journalistische Tätigkeit, die Tucholsky als „Vertreter eines operativen Denkens" ausweist, „für das vermehrt literarische und nichtliterarische Darstellungsmittel eingesetzt wurden, weil sie diese für ihre Wirkungsabsichten als gleichwertig begriffen«. (Ebenda S.9)

7   Mayer (s. Anm.3), S.8

8   Vgl. Brecht *Liederbuch*, hrg. und kommentiert von Fritz Hennenberg. Frankfurt am Main: Suhrkamp Taschenbuchverlag 1985 (st 1216)

- Beide Literaten konzentrieren ihren schriftstellerischen Blick zielgerichtet auf ihre gesellschaftliche Lebensgegenwart, allerdings mit generations- und herkunftsspezifischer Akzentuierung und gesellschaftspolitischer Positionierung.

- Beide Zeitgenossen arbeiten journalistisch und literarisch als zeitkritisch engagierte Beobachter und bevorzugen medienspezifisch relevante Textsorten und Publikationsorgane (z. B. politische Kulturzeitschriften wie Die Weltbühne oder Kulturmedien und -institutionen wie Theater, Kabarett bzw. bei Kästner Film und Rundfunk und bei Tucholsky die Bildmedien, insbesondere die Fotografie).

- Beide Autoren thematisieren gesellschaftliche Zustände und politische Prozesse in ihrer Konsequenz auf gesellschaftliche Bewusstseins- und Verhaltensmodi, jedoch unterscheiden sich die beiden Zeitgenossen in analytischer Schärfe und kritischer Prägnanz sowie in der Vielfalt des literarischen Genres, der Darstellungsraffinesse und politischen Weitblicks.

- Die beiden Zeitkritiker richten ihre Angriffe nicht, wie man bei journalistischen Kommentatoren vermuten würde, vorwiegend gegen die Protagonisten der politischen Bühne bzw. gegen die Funktionäre der Herrschaftsinstitutionen, sondern greifen in provokativer Weise das reaktionäre Verhalten der Durchschnittsbürger an.

Kästner globalisiert gerne seine satirischen Attacken, zielt auf das allgemeine moralische Bewusstsein. Er greift bevorzugt Gesinnungshaltungen an wie Gleichgültigkeit, Eitelkeit, „Dummheit", den ‚Stumpfsinn' der *kleinen* Leute, egoistische Maßlosigkeit, Überheblichkeit und Gefühlskälte, das Klassenbewusstsein der *vornehmen* Leute, und brandmarkt die Vorliebe für Drill, soziale Verrohung von Vorgesetzten, Unterdrückungsrituale von Erwachsenen sowie Unterdrückungsstrategien pädagogischer Instanzen und militanter Gruppen.

Tucholsky greift dagegen schärfer die politischen Zeitumstände an, zielgenauer die kritisierten Zustände und Vorgänge, die faschistische Verrohung der Mitmacher, die Bewusstseinsschwäche, Unterwürfigkeit und Handlungslethargie der Mitmacher, die Zaungäste des machtsüchtigen Schauspiels von Unrecht, Willkür, Zensur, Hetze, Ausgrenzung, Schutzhaft, Folter und Fememorde, die bereits vor und nach der Machtergreifung stattfanden, propagiert wurden und zu befürchten waren. Zugleich gilt Tucholskys satirische Waffe nicht nur den Tätern befehlshöriger Aktionsgruppen, korrupter Verbänden und machtwillfährigen Institutionen, sondern auch deren sich passiv und gleichgültig verhaltenden Opfern aller Schichten und ideologischen Couleurs. Neben der vornehmlich nationalistischen Katastrophe reagierte der Europäer Tucholsky auch enttäuscht über die weitgehende Zurückhaltung des Auslands und zum Teil faschistischer Affinität gegenüber der nationalsozialistischen Propaganda.

- Bilanzierend kann man sagen: Tucholsky und Kästner verstehen sich als moralische Instanzen mit idealistischem Anspruch und Wertebewusstsein. In der literarischen Umsetzung zeigt sich Tucholsky im dialektischen Zugriff, in der diskursiven zeitpolitischen Analyse und im satirischen Angriff zupackender, standpunktbezogener und zukunftsperspektivischer als sein jüngerer Kollege. Kästner vermeidet bei seinen Werteappelle bzw. Moralanklagen und idealistischen Postulaten den konkreten Bezug zu den Zeitumständen, er vermeidet ängstlich oder aus Vorsicht die gegenwartspolitische Zuspitzung. Seine Verzweiflung richtet sich lieber resignierend und fatalistisch gegen die Trägheit, Dummheit, Unverbesserlichkeit, Stumpfheit gegen Kollektivwahn und Egoismus. Die Erwachsenen stehen am Pranger. Den zur Unmündigkeit gedrillten Kindern wird Mut zugesprochen und moralische Aufrüstung zugetraut. Die Kluft zwischen beiden Lebensstufen bzw. Entwicklungsstadien wird nicht reflektiert, der pädagogische Widerspruch, die Lebenslücke werden nicht aufgeklärt.[9]

---

9 Bei Kästner existiert erstaunlicher Weise nur die Welt der kleinen und großen Kinder, die pubertäre Zwischenzeit als Jugendliche wird nicht thematisiert.

Aufgrund der Bildungsherkunft und Sozialisation gestalteten sich die Lebens- und Arbeitsbedingungen von Kurt Tucholsky[10] und Erich Kästner[11] unterschiedlich.

Für Tucholsky war das gutbürgerliche Elternhaus prägend (Vater Bankkaufmann, standesgemäß unterdrückender Familienverband, bürgerlich situierte Verhältnisse), Ihn prägten in Stichworten gelistet: Großstadtsozialisation, Studium und Promotion zum Dr. jur., berufliche Karriere (Jurist, Bankkaufmann), Journalist / journalistischer Prozessbeobachter bei Gericht / politische Engagements („Nie wieder Krieg"-Bewegung, versch. Annäherungen an Parteien und weltanschauliche Ausflüge), vielseitige Tätigkeit als Schriftsteller und Kabarettautor, fester Mitarbeiter der *Weltbühne,* zeitweise Herausgeber, politisch diffamierter und verfolgter, schließlich ausgebürgerter Vaterlandsverräter Tucholsky verteidigte und bewahrte seine ideologische Unabhängigkeit und persönliche Integrität. Er vermied soweit wie möglich Berufszwänge, feste Beziehungen, weltanschauliche (religiöse wie politische) Vereinnahmungen.

Als Tucholskys bester Freund galt der Herausgeber der *Neuen Schaubühne* und späteren *Weltbühne,* Siegfried Jacobsohn[12], der Tucholskys Begabung entdeckte und zu fördern wusste sowie die Unabhängigkeit und persönliche Freiheit Tucholskys auch finanziell absicherte. Jacobsohn galt für Tucholskys als Gesinnungsvorbild und fungierte als redaktioneller Lehrmeister bezüglich des journalistischen und literarischen Handwerks.

---

10 Als einschlägige Biographie für Kurt Tucholsky kann weiterhin die von Michael Hepp gelten: *Kurt Tucholsky. Biographische Annäherungen.* Reinbek bei Hamburg: Rowohlt 1993; Ders. Kurt Tucholsky. Reinbek bei Hamburg 1998 (rowohlts monographien 50612). Die Vorgängerbiographien von Helga Bemmann, Fritz J. Raddatz, Klaus Peter Schulz, Gerhard Zwerenz (vgl. Hepp 1998, S.180) entsprechen nicht mehr dem Quellen- und Forschungsstand.

11 Für Erich Kästner gelten die zum 100. Geburtstag erschienenen und materialkundigsten Biographien von Franz Josef Görtz / Hans Sarkowicz: *Erich Kästner. Eine Biographie.* München/Zürich: Piper 1998; Sven Hanuschek: *Keiner blickt dir hinter das Gesicht. Das Leben Erich Kästners.* München, Wien: Hanser 1999; Ders.: *Erich Kästner.* Reinbek bei Hamburg: Rowohlt Taschenbuch Verlag 2013 (rowohlts monographien); vgl. auch Isa Schikorsky: *Erich Kästner.* München: Deutscher Taschenbuch Verlag 1998 (dtv portrait)

12 Vgl. Stefanie Oswald: Siegfried Jacobsohn. Ein Leben für die Weltbühne. Eine Berliner Biographie. Gerlingen: Bleicher 2000

Kästner wurde beeinflusst: vom kleinbürgerlichen Elternhaus (offizieller Vater: Sattler, Mutter Näherin), Kleinstadtsozialisation, abgebrochenes Lehrerstudium, Literaturstudium mit Promotion und Journalistenausbildung, zeitweise Finanznöte, Auftragsjournalist und freier Schriftsteller, Kinder- und Jugendbuchautor sowie Drehbuchautor und in der Nazizeit zwar zeitweise mit Schreibverbot belegter, aber stillschweigend geduldeter, unter Pseudonymen publizierender Autor.[13]

Beide Schriftsteller erreichten internationalen literarischen Erfolg und entsprechende Anerkennung. Diese Würdigung und Reputation wird bei beiden Autoren unterschiedlich gewichtet und diskutiert. Am Ende ihrer ‚Karriere' kämpften beide engagierten und verletzbaren Literaten aus unterschiedlichen Gründen mit Einsamkeit, Lebensmüdigkeit, Krankheit und zeitweiser Depression bzw. Resignation.

Während Kurt Tucholsky am Ende seines Schriftstellerlebens die bittere Bilanz zog:

Ich habe Erfolg, aber ich habe keinerlei Wirkung[14]*,* galt bei Erich Kästner der Erfolgszwang von Beginn an als Verpflichtung. Erich Kästner bekennt dies bereits 1926 in einem Brief an sein geliebtes ‚Muttchen', als er noch kaum bekannt war:

Wenn ich 30 bin, will ich, daß man meinen Namen kennt. Bis 35 will ich anerkannt sein. Bis 40 sogar ein bißchen berühmt. Obwohl das Berühmtsein gar nicht so wichtig ist. Aber es steht nun einmal auf dem Programm. Also muß es eben klappen.[15]

---

13 Die erst in den letzten Jahren erschlossene publizistische Kriegs- und Nachkriegszeit Erich Kästners ist knapp zusammenfassend belegt und kommentiert im Nachwort zum Publizistikband der Gesamtausgabe, G6 von Franz Josef Görtz und Hans Sarkowicz, S. 671ff.

14 Kurt Tucholsky: *Schnipsel,* hrsg. Von Mary Gerold-Tucholsky, Fritz J. Raddatz, Reinbek bei Hamburg: Rowohlt 1973, S. 40

15 Erich Kästner: *Mein liebes gutes Muttchen, Du! Dein oller Junge. Briefe und Postkarten aus 30 Jahren.* Ausgewählt und eingeleitet von Luiselotte Enderle. Hamburg: Albrecht Knaus 1981 [zensierte Ausgabe], hier Brief vom 1.4.1926, vgl. Hanuschek in rowohlts monographien, S.39

Das Programm war seine Mutter. In seinem autobiografischen Bekenntnis *Als ich ein kleiner Junge war* bekennt Erich Kästner:

Erich Kästner mit Mutter

Ida Kästner wollte die vollkommene Mutter Ihres Jungen werden. Und weil sie das werden wollte, nahm sie auf niemanden Rücksicht, auch auf sich selber nicht, und wurde die vollkommene Mutter. All ihre Liebe und Phantasie, ihren ganzen Fleiß, jede Minute und jeden Gedanken, ihre gesamte Existenz setzte sie, fanatisch wie ein besessener Spieler, auf eine einzige Karte, auf mich. Ihr Einsatz hieß: ihr Leben, mit Haut und Haar! Die Spielkarte war ich. Deshalb mußte ich gewinnen. Deshalb durfte ich sie nicht enttäuschen. Deshalb wurde ich der beste Schüler und der bravste Sohn. Ich hätte es nicht ertragen, wenn sie ihr großes Spiel verloren hätte. Da sie die vollkommene Mutter sein wollte und war, gab es für mich, die Spielkarte, keinen Zweifel: Ich mußte der vollkommene Sohn werden. Wurde ich's? Jedenfalls versuchte ich es. Ich hatte ihre Talente geerbt: Tatkraft, ihren Ehrgeiz und ihre Intelligenz. Damit war schon etwas anzufangen. Und wenn ich, ihr Kapital und Spieleinsatz, wirklich einmal müde wurde, nur um immer wieder zu gewinnen, half mir, als letzte Reserve, eines weiter: Ich hatte die vollkommene Mutter ja lieb. Ich hatte sie sehr lieb.[16]

Erich Kästner bedauert in seinem autobiografischen Gedicht *Kurzgefaßter Lebenslauf* (1930)[17]:

Ich war ein patentierter Musterknabe. / Wie kam das bloß? / Es tut mir jetzt noch leid.

Dieses ‚vollkommene' Muttersöhnchen zeigt noch 1957, also mit 58 Jahren, in seinem altklug erscheinenden Kindheitsrückblick *Als ich ein kleiner*

---

16 Vgl. Erich Kästner: »Als ich ein kleiner Junge war«, KW7, S.102

17 KW1, S.136, vgl. auch zur Ansprache als Vater an seinen unehelichen Sohn Thomas Erich Kästners *Briefe aus dem Tessin*. Mit einem Geleitwort von Horst Lemke. Zürich: Arche 1977

Junge war nur scheinbar ironische Distanz. Seine vielen Selbsturteile belegen eine verinnerlichte auf sich selbst bezogene Wertschätzung, die von Ida Kästner, besessen von Mutterliebe, bestätigt wird. Beide zeigen gemeinsame Beziehungshörigkeit. Ob daraus Kästners versteckte Beziehungsunsicherheit resultiert, kann nur vermutet werden. Eine egozentrierte Angst des karrierefixierten Musterknaben, die Tucholsky bereits in seinen knappen Einlassungen zu Kästner in seinen beiden Rezensionen 1930 in der *Weltbühne* diagnostiziert, betrifft eine konstitutive psychische Disposition bei Kästner, die auch sein Verhalten in der Zeit der inneren Emigration während des Dritten Reiches plausibler macht. Erich Kästner rechtfertigt sein Verbleiben in Nazideutschland mit der gebotenen Fürsorge für seine Mutter. Sein angeblicher Vater spielt in dem Gedankenspiel bei Erich keine Rolle.

Auffällig ist, dass auch sein ganzes Werk und seine Briefe von Selbstbespiegelungen dominiert werden. Kästner zeigt eine ichbezogene Neigung, die Fremdurteile meidet. Sowohl die Selbstkommentare als auch die autobiographischen Anspielungen prägen diese Ich-Dominanz, die zugleich auffällig Verhaltensmuster anderer Kollegen selbstbewusst beurteilt.[18]
In dem bereits erwähnten, seinem unehelichen Sohn Thomas gewidmeten, Buch *Als ich ein kleiner Junge war,* schwelgt Kästner in pädagogischen Sentenzen, die für seinen Sohn hilfreich erzieherisch wirken sollten. Auch die zeitpolitischen Reflexe, die seine politische Weitsicht belegen sollen, wirken aufgesetzt und auffällig selbstrechtfertigend. Die pädagogischen Maximen, die die Jugendbücher vermitteln sollen, wirken keineswegs so »realistisch«, wie sie genrebend bezeichnet werden. Ebenso kann man die Milieugedichte Erich Kästners nicht als Aufklärungspoeme einer kritisch hinterfragten Realität lesen. Sie wirken vielmehr überzeugend als atmosphärisch dichte und authentisch bezeugte Beobachtungen bzw. nachvollziehbare Erinnerungen. Kästner gelingen auch frech karikierende Fensterblicke in die seelische Innen- und Außenwelt umzingelt von vertrauten Sehnsüchten und verzeihbaren Verfehlungen. Es gelingen ihm dann vereinzelt auch epigrammatische Impressionen als Reflexionen:

---

18 Vgl. Erich Kästner: *Die literarische Provinz*, G3, S.248, (1950)

Erich Kästner
Das Haus Erinnerung [19]

Das Haus Erinnerung hat tausend Türen.
Und du hast doch den Weg umsonst gemacht.
Du weißt nicht mehr, wohin die Türen führen.
Und in den Korridoren lehnt die Nacht.
Was einmal war, das lebt hier fort für immer,
auch wenn du selbst es lang vergessen hast.
Das Haus Erinnerung hat tausend Stufen,
waagrechte Säulen der Vergangenheit.
Geh fort von hier. Man hat dich nicht gerufen.
Dien' du nur dem Herrn und Knecht der Zeit!

Homo Sapiens oder der Mensch denkt[19]

Das, was man meint,
trifft selten ein, –
Was Zufall scheint,
kann Schicksal sein!

Für Stammbuch und Stammtisch[19]

Freunde, nur Mut!
Lächelt und sprecht:
»Die Menschen sind gut,
bloß die Leute sind schlecht.«

Tucholsky hatte in seiner Rezension zu Kästners Gedichten[20] eine als sächsisch bezeichnete »Enge« diagnostiziert. Sie hängt sicherlich mit Kästners Ängstlichkeit zusammen. »Mut« verlangt der schulmeisterlich auftretende Autor Kästner, Mut zum Gutsein, den er in seinen Gedichten und Kinderbüchern einfordert. Vergeblich sucht man jedoch bei dem selbsterklärten Moralisten, diesen *Mut* für eine souveräne Realitätsbewältigung nachvollziehbar entfaltet.

Die Bedingungen und Voraussetzungen für ein solches vorbildliches Verhalten werden nicht offengelegt, die Rolle eines *Mut-M*enschen bleibt Postulat, für deren Umsetzung, erst recht für Kinder, die gesellschaftlichen Verhältnisse nicht gegeben sind.

---

19   Epigramme aus dem Nachlass: W1, S.362, 361, 295
20   »Auf dem Nachtisch«, WB 30.9.1930, GW8, S.311ff.

Kästners Dichterkollege Peter Rühmkorf hat diesen Mangel treffend in seinem Essay über Kästner beschrieben:

Das berühmte Epigramm »Es gibt nichts gutes [sic!] / außer: Man tut es«[21] könnte womöglich als solch ein erwünschter Fingerzeig ins praktische Leben verstanden werden, und wem sich der Spruch einmal richtig ins Bewußtsein eingegraben hat, der wird ihn ein Leben lang nicht mehr los. Dennoch scheint mir der Anwendungswert vergleichsweise allgemein, der Lehrinhalt umrißlos, die Richtung beliebig, es sei denn, daß er uns ein für alle Mal verklickert, daß edle Selbstverpflichtungen und gute Vorsätze noch keinen sittlichen Sinn ergeben und nur praktische Hilfeleistung eine brauchbare Moral.[22]

Rühmkorf weist noch auf die eingängige Rezeption und das sich von selbst erläuternde Verstehen von Kästners Gedichten hin:

Was an den Gedichten herauszubringen oder hervorzuheben ist, hat der Dichter selbst schon genügend weit in den Vordergrund gerückt. Ein Geheimnisbereich, der nicht bereits im ersten Durchgang aufzulichten wäre, scheint nicht vorzuliegen. Und wer sich mit der Enttäuschung literarischer Wunderwerke selbst gelegentlich gern ein paar anregende Stunden bereitet, streckt vor dem offen zu Tage Liegenden schon bald sein analytisches Besteck. Trotzdem ist und bleibt es ein Wunder ganz eigener Art, daß Erich Kästners Verse so anhaltend haften und sitzen und daß sie auch nach langen Jahren der Trennung nichts von ihrem guten alten Freundschaftsgeist verloren haben. Das ist gewiß eine mnemotechnische Situation erster Ordnung, nur noch mit der Anhänglichkeit von Volks- und Kinderversen zu vergleichen, [...] die sich in unsere Seelen eingenistet haben kraft eines beinah subversiven Infiltrationsvermögens.[23]

Damit ist von Rühmkorf eine besondere Rezeptionsmentalität angesprochen, die es so schwer macht, Kästners poetische Kunst kritisch zu relativie-

---

21 »Es gibt nichts Gutes / außer man tut es.« W1, S.277
22 Peter Rühmkorf: *In meinem Kopf passen viele Widersprüche. Über Kollegen.* Hrsg. Von Susanne Fischer und Stephan Opitz. Göttingen: Wallstein 2012, Darin: »Erich Kästner. Ein Kanon ohne jeden Druck.« S.192ff, hier S.194
23 Ebenda S.192

ren, Kästner weh zu tun. Diese human gestimmte ‚Freundschaft' zu seinen Gedichten, die Rühmkorf konstatiert, verweist noch auf einen wenig wahrgenommenen Widerspruch:

Kästners Gedichte, so Rühmkorf, *verweigern [...] eine perspektivische Gleisführung in eine bessere Zukunft. Wem sie Trost, Mut, Selbstvertrauen, Widerspruchsgeist und Überlebenslust zusprechen möchten, sind diejenigen aus der Bahn geratenen Beunruhigten, die persönlich nicht mehr erfaßbar sind, [...] und auch von linker Zukunftsprognostik außer acht gelassen werden, kurz, jene Dissidenten, die in jeder Hinsicht als sozialer Mißwuchs erscheinen.*
Parteinahme für die Schlechtweggekommenen oder auch schräg im Gelände Stehenden ist in der modernen Lyrik nicht gerade neu – und die Herkunft Kästners zumal vom Berliner Frühexpressionismus [...] ist bis ins Feingewebe hinein nachzuweisen – nur daß sich mit der Zeit (der Nachkriegszeit, der Inflation, der Arbeitslosigkeit, den neuen völkischen Konvulsionen) die bösen Vorahnungen zum schlimmen Tatbestand verfestigt haben und Kästners populistische Tonart diesem neuen breiten Allgemeinbefinden Rechnung trägt. [...][24]

Gewiß versucht der aufgeklärte Gesellschaftskritiker der Wirklichkeit so nah wie möglich auf den Pelz zu rücken – aber dringt er deshalb schon besonders tief in sie ein? Beziehungsweise kann uns ein vernunftbegabter Kopf natürlich die Entfremdungszeichen des Systems sehr eindrucksvoll plausibel machen und mit den Ursachen auch oft die Verursacher benennen – allein, bleibt er persönlich nicht reichlich verschont außen vor? Dagegen sehen wir jetzt den sentimentalisch engagierten Realisten auf eine beinah körperliche Weise in die Umstände verwickelt und statt zu entlarven [...] läßt er uns mitempfinden [...] [Kästner bietet] *das Lehrmodell eines lyrischen Didaktikers an, das in jeder Hinsicht beunruhigend bleibt: Aufklärung bis an jenen kritischen Punkt betrieben, wo die Ratio mit ihrem Latein am Ende ist und [...] der unheilbare Weltschmerz / hoffnungsloser Trübsinn einfach nicht bei sich bleiben kann, er muß sich notgedrungen-umstandsbedingt gegen sich selbst erheben. [...]*

---

24 Ebenda S.197

Wollen wir jetzt bitte beachten, daß eine Schere ja gemeinhin nach zwei Seiten auszweigt, und diese beiden Richtungen heißen ohne Zweifel: Aufklärung **und** *Selbstwahrnehmung, moralische Parteinahme* **und** *subjektive Anteilnahme, rationalistisches Besserungsbedürfnis* **und** *romantische Auflösungslust.*[25]

Rühmkorf benennt einen grundsätzlichen dialektischen Widerspruch, den beide engagierten Zeitgenossen und gekränkten Idealisten, Tucholsky und Kästner, aushalten und gestalten müssen: den ‚aufrechten Gang' beizubehalten bei einem notwendigen und doch zur Resignation stimmenden Aufklärungskampf, dessen Konsequenzen und ein Scheitern vorauszusehen sind. *Der Satiriker ist ein gekränkter Idealist: er will die Welt gut haben, sie ist schlecht, und nun rennt er gegen das Schlechte an.*[26]
Dabei gilt es einen fast unvereinbaren fatalen Widerspruch auszuhalten, die Rolle des aufgeklärten Gesellschaftskritikers und des didaktischen Gesinnungsmoralisten mit realistischer Glaubwürdigkeit zu vereinbaren. Tucholsky hat diesen inneren Konflikt in der Zeit seiner zur Ohnmacht verdammten Ausbürgerung im Exil vor der Katastrophe erkannt, Kästner nach der Katastrophe als *Schriftsteller im Ruhestand.*[27] Ein Epigramm aus dem Nachlass von Erich Kästner lautet:

Manchmal[28]

Bei meiner Ehre:
Vergeblich leben ist schwer!
Manchmal denkt man. Das Beste wäre,
man lebte nicht mehr ...

---

25   Ebenda S.203f., Hervorhebungen vom Autor
26   Kurt Tucholsky: »Was darf die Satire?«, W3, Nr.12, S.30, 27.1.1919
27   Kästners Selbstdiagnose, Hanuschek *Erich Kästner*, rowohlts monographie, S.134
28   W1, S.361

Kästner und Tucholsky mussten auf unterschiedliche Weise diese auch existentielle Not als *linke Melancholiker*[29] austragen und erleiden.

Die Tragik, der von Rühmkorf erwähnte ‚kritische Punkt', »wo die Ratio mit ihrem Latein am Ende ist«, holte Kurt Tucholsky bereits als letzte Sinnkrise im schwedischen Exil ein. Die diagnostizierte Aussichtslosigkeit beschrieb er in einem Brief an seine Freundin Hedwig Müller [*Nu(u)na*] nach Zürich:

Man muß den Menschen positiv kommen. Dazu muß man sie – trotzalledem – lieben. Wenn auch nicht den einzelnen Kulicke, so doch die Menschheit. Ich vermags nicht. Meine Abneigung gegen die Schinder ist viel größer als meine Liebe zu den Geschundenen – hier klafft eine Lücke.[30]

Damit beschrieb im Bewusstsein als »*aufgehörter Autor*«[31] Tucholsky eine Antinomie des Lebens, die den Idealisten auf der Suche nach einer besseren menschenwürdigeren Welt an den Möglichkeiten nach Veränderungen verzweifeln lässt. Nur im Einbeziehen des Scheiterns, im Einkalkulieren der Katastrophe ist ein Neubeginn prinzipiell zu denken und dieses Ideal trotz alledem zu entwerfen. Ein Lebensparadoxon, das das philosophische Denken der Jahrhundertwende beherrschte. Der Lebenssinn kann nur dialektisch gedacht werden. Die Utopie einer Möglichkeit schließt die Erfahrung der Unmöglichkeit notwendig ein oder wie Tucholsky im Schopenhauerschen Sinne sagt, es gibt nur eine *Sehnsucht nach der Sehnsucht*[32] [der Erfüllung]. Dieses Denkmodell der »Möglichkeit der Unmöglichkeit«, diese idealistische Konstruktion kalkuliert das berechenbare, selbstbestimmte Lebensende als notwendig mit ein. Dieses rigorose Denken kann existentiell zerstörerisch wirken, führt zu Selbstzweifeln. Literarisch haben Kafka und später Frisch und Dürrenmatt dies wie andere Grenzgänger literarisiert. Tucholsky

---

29 Vgl. Walter Benjamin: *Linke Melancholie* (1931). Zu Erich Kästners neuem Gedichtbuch [Ein Mann gibt Auskunft]. In: Ders. Lesezeichen. Schriften zur deutschsprachigen Literatur. Leipzig: Reclam 1970

30 Kurt Tucholsky: »Beilage zum Brief an Hedwig Müller [genannt Nuuna]« 3.6.1935, Q – Tagebuch »und Quddelmuddel für Nuna«, GW21, Nr. B76Q, S.242. Tucholsky spielte mit der Umschrift für Kosenamen.

31 Kurt Tucholsky: *Brief an Arnold Zweig. Hindas, 15.12.1935*, GW21, Nr.155, S.470ff., hier: S.478

32 Vgl. Tucholskys gleichlautendes Chanson (1919), GW3, Nr.73, S.149f.

führt seine gegenwartsbedingte fatale Zeitkatastrophe in eine existentielle Aussichtslosigkeit. Die melancholisch geprägten Vorboten entdeckt man in seinen Einsamkeitsgedichten wie *Aus, Hej* oder *Mann am Spiegel* mit dessen Strophenbeginn und Schlussstrophe:

> *Plötzlich fängt sich dein Blick im Spiegel*
> *und bleibt hängen.*
> *Du siehst:*
>
> *[...]*
>
> *Ich gehe vom Spiegel*
> *fort.*
> *Der andre auch –*
> *Es ist kein Gespräch gewesen.*
> *Die Augen blicken ins Leere,*
> *mit dem Spiegelblick –*
> *ohne den andern im Spiegel.*
>
> *Allein.*[33]

---

33 GW10, Nr.7, S.25ff. WB 10.1.1928; vgl. Vogel/Gans: *Tucholsky lesen (1997)*, S.176f. sowie Kap. X, S.174ff.

Kurt Tucholsky in Paris, wo er von 1924 bis 1927 lebte.

Kästners Weg u. a. als Autor der *Weltbühne* verläuft in seiner Wirkungsqualität anders, jedoch auch erfolgreich. Wie beurteilten sich beide Kollegen gegenseitig. Von Kästner gibt es zu Tucholsky zeitgleich keine kommentierende Stellungnahme Tucholsky liefert eine kurze aber pointierte, persönlichkeits- und literarisch bezogene Beurteilung, mit aller Vorsicht gegenüber einem abschließenden Urteil, dafür in spürbarer Fürsorge.

Tucholsky, 9 Jahre älter und bereits eine anerkannte literarische Instanz, rezensiert 1930 zwei Gedichtbücher des seit 1929 in der *Weltbühne* publizierenden Neulings. Der etablierte Kollege versucht in der souveränen Rolle des Lehrmeisters, die Siegfried Jacobsohn bereits für Tucholsky gespielt hatte, Kästners literarische Möglichkeiten und persönliche Chancen einzuschätzen. Neben dem strengen Blick auf das journalistische und poetische Handwerk (Kästner veröffentlichte zwischen 1929 und 1932 vier Gedichtbände), wagt Tucholsky eine Bewertung auch im Hinblick auf Kästners literarischer und persönlicher Zukunft.

Die erste auf Kästners erste Lyrikbände *Herz auf Taille* und *Lärm im Spiegel* bezogene Besprechung am 9. 7. 1929 in der *Weltbühne* wurde von Singers herausgegebenem *Bänkelbuch* inspiriert, das eine Auswahl von Kästner Gedichten enthielt. In der Besprechung heißt es:

»K wie Kästner. Brillant. Da ist »Jahrgang 1899«, ein kleines Gedicht, in dem eigentlich alles über diesen Fall ausgesagt ist – mehr kann man darüber gar nicht sagen:

> *Man hat unsern Körper und unsern Geist*
> *Ein wenig zu wenig gekräftigt.*
> *Man hat uns zu viel, zu früh und zumeist*
> *In der Weltgeschichte beschäftigt!*

Das ist Nummer eins. Es sind einige sehr gute, wenn nicht die besten Gedichte aus seinen Bänden […] ausgewählt.
Aus der Gesamterscheinung dieses Mannes kann ich nicht ganz klug werden. Diese Verse sind wunderbar gearbeitet, mit der Hand genäht, kein Zweifel - aber irgend etwas ist da nicht in Ordnung. Es geht manchmal zu glatt, das

sollte man einem deutschen Schriftsteller nicht sagen, dieses Formtalent ist so selten! – also sagen wir lieber: die Rechnung geht zu gut auf; sechsunddreißig geteilt durch sechs ist sechs, gewiß, na und? Ich kenne kaum ein einzelnes Gedicht gegen das ich Einwände zu machen hätte ... Ist es die Jugend? Aber gerade das, was mir auffällt, ist kein Anzeichen von Jugend: es ist so etwas wie mangelnde Kraft: der dahinter steht, ist mitunter selber »Jahrgang 1899«. Ich will mich gern getäuscht haben: so einer verdient Förderung, Ei-Ei und Weitermachen.[34]

Am 9.12.1930 rezensiert Tucholsky Kästners zweiten Gedichtband *Ein Mann gibt Auskunft*.[35] Er beginnt mit einem ungewohnten Hinweis:

Es sollte einmal jemand auf den Spuren des großen Literaturhistorikers Josef Nadler wandelnd das Sächsische in der deutschen Literatur untersuchen – aber ohne Grinsen. Man vergesse nicht, daß Richard Wagner, mit Grinsen, ein Sachse gewesen ist, und daß, sehr ernsthaft gesagt, Lessing aus Camenz stammt, und auch dieser Ort gehört zu Sachsen. Kästner ist aus Dresden. Nun, er hat gar nichts vom Bliemchen-Kaffee, aber wenn sich einer gegen seine Umgebung aufbäumt, dann fällt das in New York und in Dresden verschieden aus, weil die Umgebungen eben verschieden sind. Ich vermeine, manchmal in Kästner das Sächsische zu spüren – eine gewisse Enge der Opposition, eine kaum fühlbare, aber doch vernehmliche Kleinlichkeit, eine Art Geiz ... Er weicht dem Olymp geschickt aus – ich weiß nicht, wie sein Himmel aussieht. Vielleicht hat er keinen, weil er fürchtet, er sei dann vom sächsischen Böcklin: von Klinger? Kästner ist ehrlich, sauber, nur scheint er manchmal in der Skala nicht sehr weit, und er macht es sich nicht leicht. Man vergleiche so ein Gedicht wie »Dem Revolutionär Jesus zum Geburtstag« ... das ist reinlich und gut gemeint, doch da langt es nicht. Da pfeift einer, im Sturm, bei Windstärke 11 ein Liedchen.[36]

---

34 GW11, Nr.82, S.224ff.
35 GW13, N3.185, S.498ff.
36 Ebenda S.498

Erich Kästner
Dem Revolutionär Jesus zum Geburtstag (1928)[37]

Zweitausend Jahre sind es fast,
seit du die Welt verlassen hast.
du Opferlamm des Lebens!
Du gabst den Armen ihren Gott.
Du littest durch der Reichen Spott.
Du tatest es vergebens!

Du sahst Gewalt und Polizei.
Du wolltest alle Menschen frei
und Frieden auf der Erde.
Du wußtest, wie das Elend tut
und wolltest alle Menschen gut,
damit es schöner werde!

Du warst ein Revolutionär
und machtest dir das Leben schwer
mit Schiebern und Gelehrten.
Du hast die Freiheit stets beschützt
und doch den Menschen nichts genützt.
Du kamst an die Verkehrten!

Du kämpftest tapfer gegen sie
und gegen Staat und Industrie
und die gesamte Meute.
Bis man an dir, weil nichts verfing,
Justizmord, kurzerhand, beging.
Es war genau wie heute.

---

[37] Erich Kästner W1, S.163

Die Menschen wurden nicht gescheit.
Am wenigsten die Christenheit,
trotz allem Händefalten.
Du hattest sie vergeblich lieb.
Du starbst umsonst. Und alles blieb
beim alten.

Karikatur von Herbert Sandberg

Das Gutgemeinte poetisiert im Stil eines Kinderliedes, eine Schlagwortpersiflage, aber dies macht noch keine politisch zeitnahe Satire und sei sie moralisch noch so ‚gut' gemeint. Um gesellschaftspolitisch zu überzeugen, bedarf es seitens des Autors einer intellektuellen Selbstkontrolle, die den gesellschaftlichen und moralischen Bezug textlich auf gedankliche Sprengkraft überprüft, die ein solches Thema satirisch inspiriert benötigt. Tucholsky spürt Kästners Kleinmut, seine Befangenheit vor einem ideologiekritischen Diskurs. Das Thema taugt zum Kalauern.

Nicht ohne Grund beginnt Tucholskys Rezension mit einer Mahnung an Kästner, die unzweideutig politisch motivierte Signale enthält. So die Hinweise auf die ideologischen Wegbereiter der Nazis: sein Zeigefinger auf den Germanisten Nadler, der eine rassistisch geprägte *Literaturgeschichte der deutschen Stämme und Landschaften*[38] geschrieben hatte, und Richard Wagner, der als ideologischer Wegbereiter der Nazis galt und in dessen Haus die Witwe von Siegfried Wagner, Winifred Wagner, Hitler als Freund mit propagandistischem Protokoll empfing. Der Hinweis auf den Aufklärer Lessing galt als Warnung, sich nicht wie Kästner zu leichtfertig in hybridem Eifer als Nachfolger des maßgeblichen Aufklärers auszugeben.

Kästner folgte nicht Tucholskys Rat, das satirische Leichtgewicht *Dem Revolutionär Jesus zum Geburtstag* zu überdenken. Sie wurde in der Neuauflage unverändert gedruckt. Anders im Fall des von den Nazis als zersetzend angeprangerten Gedichts *Die andere Möglichkeit*[39], das in der 2. Neuauflage bereits 1932 durch das harmlose Poem *Herbst auf der ganzen Linie* ersetzt wurde. Kästner handelte im vorauseilenden Gehorsam auf Bitten des Ver-

---

38 Josef Nadlers Hauptwerk »Literaturgeschichte der deutschen Stämme und Landschaften«, 4 Bände, Regensburg 1912-28 wirkt als ideologischer Nährboden für die nationalsozialistische Rassenideologie.

39 W1, S.121f. mit der von Tucholsky gelobten Schlusspointe:
Wenn wir den Krieg gewonnen hätten / ... // ...
Dann läge die Vernunft in Ketten. / Und stünde stündlich vor Gericht. / Und Kriege gäb's wie Operetten - / zum Glück gewannen wir ihn nicht!
Die Nachkriegsausgabe erhält eine Anmerkung von Kästner ohne die freiwillige Zensur von 1932 zu erwähnen.
Anmerkung: Dieses Gedicht, das nach dem Weltkrieg «römisch eins» entstand, erwarb sich damals, außer verständlichen und selbstverständlichen Feindschaften, auch unvermutete Feinde. Das »Zum Glück« der letzten Zeile wurde für eine Art Jubelruf gehalten und war doch eine sehr, sehr bittere Bemerkung. Nun haben wir schon wieder einen Krieg verloren, und das Gedicht wird noch immer mißverstanden werden. (W1,122)

lags. Diese Selbstzensur markiert bereits den Beginn seines späteren Anpassungsverhaltens gegenüber den Machthabern im Dritten Reich. Tucholskys Hypothese wirkt prophetisch:

Kästner hat Angst vor dem Gefühl, weil er es so oft in Form der schmierigsten Sentimentalität gesehen hat. Aber über den Leierkastenklängen gibt es ja doch ein: Ich liebe dich – es gehört nur eine ungeheure Kraft dazu, dergleichen hinzuschreiben. Und da sehe ich einen Bruch, einen Sprung, ist das sächsisch? Wir haben bei diesem Wort so dumme Assoziationen, die meine ich nicht. Langt es? Langt es nicht? [...]
Kästner wird viel nachgeahmt; es gehört wenig dazu ihn nachzuahmen. Ich wünsche ihm ein leichtes Leben und eine schwere Kunst.[40]

Tucholsky behielt Recht, dieser „kleine Mann", wie Kästner sich selbstironisch charakterisierte, hat Angst, eine Angst, die Tucholsky psychologisiert und damit auf ein Persönlichkeitsmerkmal Kästners bezieht. Kästner bestätigt leider später Tucholsky Befürchtungen. Seine Vorstellungsrede vor der PEN-Vereinigung, bezeichnend *Kästner über Kästner*[41] betitelt, entpuppt sich als eine Art Rechtfertigungsrede zu seiner inneren Emigration. Oder in seinen *Briefen an mich selber*[42] bzw. in seiner Büchner-Preisrede 1957[43] sowie in der Rede *Über das Verbrennen von Büchern 1958*[44] entwirft der Autor ein Selbstportrait, das seinem tatsächlichen Verhalten im Dritten Reich und seinen eigenen schriftstellerischen Ansprüchen widerspricht.
In der Bücherverbrennungsrede widerruft der selbstbekennende Warner und Moralist sein eigenes Handeln in seiner Autorenzeit für die *Weltbühne*:

---

40 GW13, Nr185, S..499
41 W2, S.323ff.
42 W3, S.327ff.
43 W6, S. 620ff. *Büchner-Preis-Reden 1951-1971.* Mit einem Vorwort von Ernst Johann. Stuttgart: Reclam jun.1972, (UB9332-34), S.41ff.
44 W6, S. 638ff.

Die Ereignisse von 1933 bis 1945 hätten spätestens 1928 bekämpft werden müssen. Später war es zu spät. [...] das ist die Lehre, das ist das Fazit dessen, was uns 1933 widerfuhr[45].
Oder
Die Ratlosigkeit des Gewissens, das war das Schlimmste. Die Ausweglosigkeit aus dem morastigen Labyrinth, in das der Staat ein Volk hineingetrieben hatte und an dessen Ausgängen die Henker standen. Wer es nicht erlebt hat, wer nicht verzweifelnd in diesem Labyrinth herumgeirrt ist, der hat es zu leicht, den ersten Stein auf dieses Volk zu werfen.[46]

Erich Kästner versuchte eine unglaubwürdige Rechtfertigung für die angeblich faschistische Überrumpelung und seine unvermittelten Gewissensbisse. In seiner Erinnerung *Begegnung mit Tucho*[47] macht er das Gegenteil glaubhaft, er bestätigt sein damaliges Wissen um das bevorstehende Unheil und in seinem *Kriegstagebuch / Das Blaue Buch*[48] weiß er sehr früh über die Gräuel der Nazis Bescheid. Kästner ist nicht blind in die Katastrophe gegangen. Er hat sehenden Auges mit Kompromissen gelebt bzw. furchtsam geschwiegen.[49]
Kästners bar jeder Selbstkritik entworfenes Selbstportrait wirkt angesichts der aufgeklärten wahren Sachverhalte unwahrhaftig und daher unredlich.
In *Kästner über Kästner* heißt es:
»Er [Kästner über sich selbst] *ist ein Moralist. Er ist ein Rationalist. Er ist ein Urenkel der deutschen Aufklärung, spinnefeind der unechten »Tiefe«, die im Lande der Dichter und Denker nie aus der Mode kommt, untertan und zugetan den drei unveräußerlichen Forderungen: nach der Aufrichtigkeit des Empfindens, nach der Klarheit des Denkens und nach der Einfachheit in Wort und Satz«.*[50]

---

45 W6, S.646

46 »Unser Weihnachtsgeschenk«, 1945, W6, S.515

47 W6, S. 197ff.; zuerst in Kurt Tucholsky: *Gruß nach vorn*. Eine Auswahl hrsg. Von Erich Kästner, Berlin: 1948, Nachwort, S.257ff.

48 Erich Kästner: *Das Blaue Buch. Kriegstagebuch und Roman-Notizen*. Hrsg. von Ulrich von Bülow und Silke Becker marbachermagazin 111/112. Marbach: Deutsche Schillergesellschaft 2006

49 Man denke an das Schweigen Kästners zur Verhaftung seines engsten Freundes Erich Ohser und dessen mörderische Behandlung durch die Gestapo. Vgl. Elke Schulze: *Erich Ohser alias e.o.plauen. Ein deutsches Künstlerschicksal*. Konstanz: Südverlag 2014, darin besonders das Schlusskapitel Berlin Untergang Endstation Kaulsdorf, S.113ff.

50 W2, S.326f.

Hanuschek kommentiert in seiner Kästner Monografie:

*Seine öffentlichen Auftritte und seine Korrespondenz ist bestimmt von dem Versuch, sich vor möglichen politischen Verfänglichkeiten zu schützen, sein Tagebuch zu neutralisieren und erst 1955 als Notabene 45 politisch aufzumöbeln oder Glättungen"
an seiner Biografie vorzunehmen«[51] Dies bedeutet für seinen Biografen eine rückwärtsgewandte Reinwaschung von all den nötigen Kompromissen, die er eingegangen war.[52]*

Das Blaue Buch, Marbacher Magazin 111/112

Erich Kästner äußert sich zu Tucholskys Persönlichkeit zu dessen Lebzeiten publizistisch nicht. Ob Kästner glaubte, dass ihm dies als Jüngerem nicht zustand oder ob er durch des ‚Meisters' Kritik verunsichert war, wissen wir nicht. Bevor er Tucholskys Kritik in der *Weltbühne* kannte, schrieb er am 21.12.1927 nur einen schmeichelhaften, inhaltsleeren Dankesbrief an Tucholsky, in dem er sich für dessen positive Beurteilung seiner Gedichte in der Zeitschrift *Das Tage-Buch* in Form einer Reverenz bedankte. Darin heißt es:

»*Ich möchte Ihnen für Ihre Zeilen herzlich danken und Ihnen sagen: wie sehr mich gerade Ihre Meinung gefreut hat. Ich wüßte niemanden, dessen Urteil mir zuständiger und wertvoller erschiene als das Ihrige. Und ich hoffe, mir noch manchmal Ihre gute Meinung zu verdienen.*
Nochmals: vielen herzlichen Dank!
Ihr aufrichtiger ergebner
Erich Kästner«[53]

---

51 Hanuschek; Erich Kästner, in rowohlts monographie, a.a.O., S..8

52 Ebda., S.103

53 Erich Kästner: »Dieses Na ja!, wenn man das nicht hätte!« Ausgewählte Briefe von 1909 bis 1972. Hrsg. Von Sven Hanuschek. Zürich: Atrium 2003, S.21

In seinem Nachwort zu der von Kästner herausgegebenen ersten Anthologie von Tucholsky-Texten nach dem Krieg »*Gruß nach vorn*«, 1946[54], erinnert sich Kästner an eine zufällige *Begegnung mit Tucho,* so auch der gleichnamige Titel. Tucholsky, der gerne einen Arbeitsurlaub im Ausland nutzte, um sich ‚von seinem Vaterlande auszuruhen', wie er in *Parc Monceau*[55] schrieb, liebte, ja brauchte nicht nur aus Krankheitsgründen die Auslandsreisen, sondern auch um notwendige Distanz zu den politischen Verhältnisse in Deutschland zu finden. Kurt Tucholsky wohnte nach einem Aufenthalt in

Kurt Tucholsky in Paris

Locarno, in Paris und vor seinem Besuch in Bellinzona im Tessiner Grand Hotel in Brissago, in dem Erich Kästner zufällig zum Erholungsurlaub vom 14.- 22. August 1930 logierte, nicht wie Kästner irrtümlich erinnerte »*1931 oder 1932*«. Dort begegneten sich beide Gäste täglich nach strikter Terminabsprache in annähernder Distanz bzw. distanzierter Nähe. Ihre Interessen waren verschieden motiviert, wie Kästner zutreffend berichtet:

»*Während ich tagsüber am Strand lag oder von einem Balkon zum anderen zog, damit in meinem Reich die Sonne nicht untergehen möge, klapperte Tucholskys Schreibmaschine unermüdlich, der schönen Stunden und Tage nicht achtend. Der Mann, der im Dachstübchen schwitzte, tippte und Pfeife rauchte, schuftete ja für fünf, – für Peter Panter, Theobald Tiger, Ignaz Wrobel, Kaspar Hauser und Kurt Tucholsky in einer Person! Er teilte an der kleinen Schreibmaschine Florettstiche aus, Säbelhiebe, Faustschläge. Die Männer des Dritten Reiches, Arm in Arm mit den Herren der Reichswehr und der Schwerindustrie, klopften ja damals schon recht vernehmlich an Deutschlands Tür. Er zupfte sie an der Nase, er trat sie gegen das Schienbein, einzelne schlug er k.o. – ein kleiner dicker Berliner wollte mit der Schreibmaschine eine Katastrophe aufhalten ...*

---

54 W6, S.597ff.

55 GW6, Nr. 60, S.141f. ; vgl. auch Dieter Mayer: „*... und ruh von meinem Vaterlande aus.*" *Kurt Tucholsky über Paris und Berlin in den Jahren 1924-1928.* In: Ders. *Kurt Tucholsky* (2010), s. Anm.3, S.223ff.

Kurt Tucholsky für Boshafte

Karikatur von Jürgen von Toméi

Abends kam er, frisch und munter, zum Essen an unseren Verandatisch herunter. Wir sprachen über den Parteienwirrwarr, über die wachsende Arbeitslosigkeit, über die düstere Zukunft Europas, über die „Weltbühne" natürlich, über neue Bücher, über seine Reisen. Und wenn wir später am See und im Park spazierengingen, gerieten wir ins Fachsimpeln. Dann war vom Satzbau die Rede, von Chansonpointen, von der ‚Überpointe' in der letzten Strophe und ähnlichem Rotwelsch. In einer entlegenen Ecke des Parks stand, in einer kleinen von Oleanderbüschen umgebenen Orchestermuschel, ein altes, verlassenes Klavier. Manchmal setzte er sich an den ziemlich verstimmten Kasten und sang mir Chansons vor, die er für ‚Schall und Rauch', für Gussy Holl, für Trude Hesterberg und andere geschrieben hatte. Diese Vortragsabende für einen einzigen Zuhörer am abendlichen See und wahrhaftig unter Palmen, werde ich nicht vergessen ...
Oft war er niedergeschlagen. Ein Gedanke quälte und verfolgte ihn. Der Gedanke, was aus dem freien Schriftsteller, aus dem Individuum im Zeitalter der Volksherrschaft werden solle. Er war bereit, dem arbeitenden Volk und dem Sozialismus von Herzen alles hinzugeben, nur eines niemals: die eigene Meinung! Und dann marterte ihn damals schon, was ihn immer mehr und immer unerträglicher heimsuchen sollte, – mit keinem Mittel zu heilende, durch keine Kur zu lindernde Schmerzen in der Stirnhöhle.[56]

Diese einzige Tucholsky posthum gewidmete Einlassung Kästners zu dessen literarischen und politisch motivierten Schreiben zeigen Kästner als Zuschauer, Mitspieler. Man hört heraus, dass Kästner eine untergeordnete Rolle einnahm als Bewunderer des Meisters in politischen und handwerklichen Fragen und Gesinnungsethik. Durch Kästners Entscheidung, im Dritten Reich das ‚innere Exil' zu wählen, also in Deutschland zu bleiben, erlebte

---

56 W6, S.597f.

Kästner das äußere Exil seines Kollegen nur als Zaungast[57] in beobachtender Distanz. Seine Erinnerung endet:

Als wir uns trennten, wußten wir nicht, daß es für immer sein werde. Ich fuhr nach Deutschland zurück. Bald darauf schlug die Tür zum Ausland zu. Eines Tages hörten seine Freunde und Feinde, daß er aus freien Stücken noch einmal emigriert war. Dorthin, von wo man nicht wieder zurückkehren kann ...

Am Beispiel der politischen Lyrik arbeitet der Rostocker Germanist Dieter Posdzech[58] in seiner Studie zur Antikriegslyrik von Kurt Tucholsky, Erich Weinert und Erich Kästner die kategorialen Unterschiede zwischen den drei Autoren heraus.
Erich Weinert, der die Antikriegsthematik mit der Klassenkampfidee verband, charakterisiert Posdzech als »*revolutionären Sprechdichter, der die Einbeziehung seiner politischen Lyrik in den organisierten politischen Kampf*«[59] anstrebte und, seit 1929 Mitglied der KPD, sich der tagespolitischen Agitationslyrik verpflichtete. »*Insofern hatte seine agitatorische Antikriegslyrik auch immer einen revolutionären Impetus. Charakteristisch ist dafür sein Gedicht »Der rote Feuerwehrmann« (1925), das zu den populärsten Gedichten Weinerts aus dieser Zeit gehörte*«.[60]

Tucholskys antimilitaristische Gedichte in der Zeit der »Nie wieder Krieg« - Bewegung, u. a. *Der Graben, Rote Melodie, Berliner Kämpfe oder Eisner* entsprechen der operativen Wirkungstendenz Weinerts, so Podszech, und setzen sich satirisch mit der vom Militarismus *erzeugten Ideologie analytisch und argu-*

---

57 Es ist auch erstaunlich wie wenig Kästner in seinen Schriften und Reden Exilschriftsteller wahrnimmt, kommentiert bzw. deren Exilsituation reflektiert, obwohl er Zugang zu Informationen haben musste bzw. Korrespondenzen hätte aufbauen und lancieren können. Aber auch in der Nachkriegszeit wahrt er eine Distanz zu den Exilautoren, die wohl von gegenseitigem Ressentiment bestimmt war.

58 Dieter Podszech: *Funktionsdominanzen der Antikriegslyrik Kurt Tucholskys, Erich Weinerts und Erich Kästners in den Jahren der Weimarer Republik.* In: Antikriegsliteratur zwischen den Kriegen (1919-1939) in Deutschland und Schweden, hrsg. Von Helmut Müssener, Stockholm: Almquist & Wiksell International 1987 (Stockholmer Germanistische Forschungen 35), S. 61ff.

59 Ebenda S.63

60 Ebenda S.69

*mentativ auseinander...*⁶¹ Er stimmt damit mit Gerhard Kraikers eingehender Analyse von Tucholskys publizistischer Rolle im pazifistischen Engagement überein.⁶² Nach Kraiker »*strebte Tucholsky bis zur Mitte der zwanziger Jahre eine operative, aufklärende Wirkung an, die politische Schlagkraft einer bewusstseinsverändernden Satire und zeitkritischen Analyse der obrigkeitshörigen Verhältnisse und revanchistischen Politik. Als zunehmend die Aussichtslosigkeit einer politischen Veränderung und die bevorstehende Gefahr des Faschismus erkennbar waren, wandelte sich Tucholskys politische Position: Nicht mehr der Kampf um die Überwindung des Gestrigen, sondern eine Neuorientierung auf die Gefahren der Zukunft; nicht mehr der Blick zurück, sondern der Blick nach vorn war maßgebend. 1926 schreibt Tucholsky in der Weltbühne: „Der Sieg des republikanischen Gedankens ist eine optische Täuschung. Das Ufer bewegt sich nicht – der Dampfer fährt aufs Ufer zu"*. (WB 14.9.26) *„Das Alte kehrt stetig wieder: absolute Staatssouveränität, Legitimierung des Krieges, wirtschaftliche Autokratie, Großdeutschtum«.*⁶³ *„Vorwärts - !"* fordert Tucholsky, *„Eines wünsche ich uns Allen, dass wir vorwärts blicken".* (WB 5.1.1926) Tucholskys kurzfristige Hinwendung zur KPD war Ausdruck der Enttäuschung über das reaktionäre Versagen der SPD, »*war schon Ausdruck der Verzweiflung vor dem definitiven Rückzug von der politischen Öffentlichkeit«.*⁶⁴

Podszech weist darauf hin, dass Tucholskys Gedichte der dreißiger Jahre (z. B. *Das dritte Reich, Völkisches Lautenlied, Joebbels, Rosen auf den Weg gestreut*) der satirischen Abrechnung mit dem deutschen Faschismus gelten, »*satirische Frontalangriffe auf die Demagogie der faschistischen Ideologie [...] mit ironischer Wiedergabe der faschistischen Phrasen, um sie in ihrer Hohlheit und Verlogenheit zu entlarven«.*⁶⁵

---

61 Ebenda S.65

62 Gerhard Kraiker: *Kurt Tucholsky als politischer Pazifist der Weltbühne.* In: Die Weltbühne. Zur Tradition und Kontinuität demokratischer Publizistik. Dokumentation der Tagung »Wieder gilt: Der Feind steht rechts!« (Schriftenreihe der KTG Bd.1, hrsg. Von Stefanie Oswald i. A. der Kurt Tucholsky-Gesellschaft) St. Ingbert: Röhrig Universitätsverlag 2003, S. 65ff;

63 Ebenda S. 71

64 Ebenda S. 72. Die tragischen Konsequenzen kann man in der einschlägigen Biografie von Michael Hepp (vgl. Anm.10 und in Roland Links Vortrag »*Kurt Tucholsky – die Tragik des „tragischen Dichters"*« *in* Müssener (vgl. Anm.57), 81ff. nachlesen., vgl. auch Tucholsky lesen, Kap. X

65 Podszech (vgl. Anm. 57), S. 72

Kurt Tucholsky
Rosen auf den Weg gestreut (1931)[66]

Ihr müßt sie lieb und nett behandeln,
erschreckt sie nicht – sie sind so zart!
Ihr müßt mit Palmen sie umwandeln,
getreulich ihrer Eigenart!
    Pfeift eurem Hunde, wenn es kläfft -:
    Küßt die Fascisten, wo ihr sie trefft!

Wenn sie in ihren Sälen hetzen,
sagt «Ja und Amen – aber gern!
Hier habt ihr mich schlagt mich in Fetzen!»
Und prügeln sie, so lobt den Herrn.
    Denn prügeln ist doch ihr Geschäft!
    Küßt die Facisten, wo ihr sie trefft.

Und schießen sie -: du lieber Himmel,
schätzt ihr das Leben so hoch ein?
Das ist ein Pazifisten-Fimmel
Wer möchte nicht gern Opfer sein?
    Nennt sie: die süßen Schnuckerchen,
    gebt ihnen Bonbons und Zuckerchen ...
Und spürt ihr auch
In euerm Bauch
    Den Hitler-Dolch, tief bis zum Heft -:
    Küßt die Fascisten, küßt die Fascisten,
    küßt die Facisten, wo ihr sie trefft -!

---

66 GW14, Nr.37, S.102, dort die Schreibweise ‚Facisten'.

Im Vergleich zu Tucholsky sieht Podszech bei Kästner das ‚Merkmal des wirkungsstrategischen Konzepts »*insgesamt weniger politisch-aufklärerisch*«. Bei Kästner betont Podszech vielmehr die »*vorherrschende Tendenz, gesellschaftliche Erscheinungen und Widersprüche zu psychologisieren und damit ihre sozialökonomischen Wurzeln im Unbestimmten zu lassen. Einige seiner Militarismus- und Faschismussatiren entbehren nicht einer politischen Sprengkraft*«. Er nennt u.a. die von Tucholsky geschätzten Gedichte wie *Die andere Möglichkeit* oder *Kennst du das Land, wo die Kanonen blühn?* Podszech folgert weiter:

»*Oft gelingt es Kästner in den politisch gemeinten Satiren die komische Seite der tragischen Realität zu betonen bzw. mit einer kleinbürgerlichen Kolorierung die tragische Entwicklung zu minimieren, ins Lächerliche zu ziehen und damit die Schreckensvisionen zu unterschätzen*«.[67]

In Kästners letztem Beitrag in der *Weltbühne* vom 14. März 1933, deren Fahnen bereits druckfertig vorlagen, aber die Nummer wegen der Beschlagnahmung durch die Gestapo nicht mehr zur Auslieferung kam, also zu einem hochdramatischen politischen Zeitpunkt inszeniert Kästner diese Zeitumstände mörderischer Straßenkämpfe u. a. mit Anspielung auf ein parodiertes Gute-Nacht-Gebet und in Form einer Volkstheaterszene, die unpolitisch trivialisiert, selbst Kalauer nicht auslässt:

Erich Kästner

Frau Pichlers Ankunft im Himmel (1933)[68]

Lieber Gott, mein Herz ist schwer.
Jetzt kommt Max, mein Mann, aus dem Büro,
und ich lebe doch nicht mehr!
Ich bin tot. Und das kam so:

---

67 Ebenda S.72
68 W1, S.356f. Das beschlagnahmte *Weltbühne*-Heft 29.Jhg. Nr.11 v. 14.3.1933 kann als Reprint bezogen werden über die Tucholsky-Blätter, Pf.808, D-10047 Berlin

Eben trat ich zum Balkon hinaus
und befühlte die gewaschnen Socken.
Denn ich wußte, Max kommt gleich nach Haus,
und ich dachte, sicher sind sie trocken.

Auf der Straße war Geschrei.
Menschen brüllten. Andere warfen Steine.
Irgendwo pfiff Polizei.
Und ich nahm die Socken von der Leine.

Denn ich dachte, daß ich eilen müsse,
und ich freute mich aufs Abendbrot.
Plötzlich fielen auf der Straße Schüsse.
Einer traf mich. Und da war ich tot.

Ach, ich hätte Max so gern
vorher noch einmal gesprochen!
Werd ich nun ein kleiner Stern?
Und die Nudeln werden überkochen!

Wenn er heimkommt und mich liegen sieht,
wird er stillstehn und es erst nicht glauben.
Herr, von dem, was in der Welt geschieht,
dürftest du sehr Vieles nicht erlauben.

Lieber Gott, mein Herz ist schwer.
Max wird weinen und mich nie vergessen.
Warum leb ich denn nicht mehr?
Wenn ich nicht gestorben wär,
würden wir jetzt abendessen …

Um die Glaubwürdigkeit Kästners im Verhalten während seiner ‚inneren Emigration' im Dritten Reich kritisch zu hinterfragen, seien einige Belege dazu angemerkt.

1. Kästners Anbiederungen an die Nazis in seinem Schreiben an die Reichsschrifttumskammer vom 11.2.1936[69] und seine über den Anwalt »*zweckgerichtet und opportunistisch formulierte Bitte*« um Wiederaufnahme vom Dezember 1938[70] . Darin heißt es:

Besonders schmerzlich berührt mich die Massnahme [des Publikationsverbotes], *weil sie ein Buch [Emil und die Detektive] betrifft, das wohl von den meisten Deutschen, soweit sie es gelesen haben, als ein ausgesprochen deutsches Buch angesehen wird; ein Buch das in über 30 fremde Sprachen übersetzt wurde, um den Kindern anderer Länder eine Vorstellung vom Kameradschaftsgeist und dem Familiensinn des deutschen Kindes zu vermitteln; ein Buch, das in den englischen, amerikanischen, polnischen und holländischen Schulen mit Hilfe von kommentierten Schulausgaben dazu verwendet wird, um die deutsche Sprache und Verständnis für das deutsche Wesen zu lehren!*

2. Die im Tagebuch *Notabene 45* zum Beweis seines ideologischen Widerstandes und seiner widerständigen Wachsamkeit von Kästner zum Teil später zugefügten Kommentare muss man als unaufrichtig bewerten, weil sie eine Widerspruchskompetenz vorspiegeln, die er sich erst nach dem Zusammenbruch in der Druckausgabe von 1961[71] leistete.

---

69 Erich Kästner: *Ausgewählte Briefe* hrsg. v, S. Hanuschek, a.a.O.2003, S. 57f.

70 S. Hanuschek: *Erich Kästner*, rowohlts monographien a.a.O. 2013, S.79

71 Erich Kästner: *Notabene 45. Ein Tagebuch*. Zürich: Atrium 1961. Erste Ausgabe von Erich Kästners Tagebuch vom 7. Februar bis 2. August 1945 mit Postskriptum 1960; auch in W6, S.301ff. Überliefert sind die Aufzeichnungen in Kästners »blau gebundenen Buch« (B). »Im Nachlass findet sich eine undatierte, leicht bearbeitete und mit stenographischen Anmerkungen versehene Transkription (T) dieses *Kriegstagebuches 1945* überschriebenen stenographischen Notizen. Für die erste Ausgabe von *Notabene 45* , die 1961 im Zürcher Atrium Verlag erschien, überarbeitete und ergänzte Kästner diese Transkription durchgehend; dabei hielt er nicht immer die ursprüngliche Abfolge bei. Ganz neu hinzugekommen sind: *Vorbemerkungen*, AUS DER CHRONIK und *Postskriptum 1960*«. »Kästner behauptet, er habe den ursprünglichen Text, um die Begriffe aus den Vorbemerkungen zu gebrauchen, behutsam auseinandergefaltet und dechiffriert, *ohne dessen Authentizität anzutasten*. Das bestätigt der Vergleich der verschiedenen Fassungen so nicht«. Ebenda, Kommentar, S.793f.

»*Die wichtigste Veränderung bestand [aber] darin, dass er die Fakten des Tagebuchs nachträglich interpretierte. Dabei gestattete er sich – entgegen seiner Behauptung im Vorwort – gelegentlich vorausschauende Fähigkeiten, für die es im ursprünglichen Text keine Belege gibt*«.[72]
Ulrich von Bülow, der Herausgeber des Nachlassbandes *Das Blaue Buch, Kriegstagebuch und Roman-Notizen*[73] kommentiert Kästners Redaktion sehr genau und beweisführend.

3. Seine wahrheitswidrige Behauptung nach dem Kriegsende, dass er ein generelles Schreibverbot hatte, obwohl ein nicht unwesentlicher Teil seines literarischen Werkes incl. Drehbücher unter Pseudonymen im Dritten Reich geschrieben wurde (Vgl. Aufstellung bei Werner Schneyder[74] und in der Bibliografie bei Hanuschek[75] sowie in der Dissertation von Andreas Drouve[76], der die radikalste textkritische Untersuchung an dem selbst ernannten Moralisten Kästner vorlegte. Von Bülow ergänzt im Nachwort zu Kästners *Das Blaue Buch*:

Kästner erfüllte die Erwartungen des Propagandaministeriums:
Gefragt war heitere Unterhaltungsliteratur, und die hatte Kästner, dem offiziellen Schreibverbot zum Trotz, zwischen 1933 und 1945 unter Pseudonym oder dem Namen von Freunden in großer Zahl veröffentlicht. In seinen heiteren Boulevardstücken, den Romanen für Kinder und Erwachsene und auch im Jubiläumsfilm ‚Münchhausen' von 1942/43, für den er ausnahmsweise anonym das Drehbuch schreiben durfte, lässt sich nur mit großer Mühe ein kritischer Bezug zu Zeitereignissen erkennen.

---

72 Ulrich von Bülow im Nachwort S. 306 zu dem im marbacher magazin 111/112 [und leider seit einiger Zeit vergriffenen !] Ausgabe des *Blauen Buches* aus dem Nachlass im Deutschen Literaturarchiv Marbach: Erich Kästner: *Das Blaue Buch. Kriegstagebuch und Roman-Notizen*. Hrsg. von Ulrich von Bülow und Silke Becker. Aus der Gablenberger'schen Kurzschrift übertragen von Herbert Tauer. Marbach: Deutsches Literaturarchiv 2006, Nachwort Ulrich von Bülow, S.291

73 Leider im Literaturarchiv in Marbach zur Zeit nicht erhältlich.

74 Werner Schneyder: *Erich Kästner. Ein brauchbarer Autor*, München: Kindler 1982, S.249f. Anm.2

75 Sven Hanuschek: *Erich Kästner, seine Biographie* a.a.O. 1999, S.471f.

76 Andreas Drouve: *Erich Kästner-Moralist mit doppeltem Boden,*, a.a.O. 1993

Der Mangel an Gegenwartsbezügen ist auch in den Roman-Notizen [im Blauen Buch] Ausdruck von Kompromissen, die Kästner im Hinblick auf Veröffentlichungsmöglichkeiten einging. Der »innere Zensor«, ein ‚Doppelgänger' eigener Art, drohte das Projekt [Zauberlehrling] allerdings bis zur Belanglosigkeit zu entstellen.[77]

4. Kästners offiziell neutrales Verhalten gegenüber der Nazigewaltherrschaft und den Gestapoverbrechen an seinen Kabarettfreunden der „Katakombe" und des „Tingel-Tangel" sowie gegenüber den mörderischen Naziverbrechen an seinen engsten Freunden Erich Ohser, alias E. O. Plauen (von der Gestapo in den angeblichen Selbstmord getrieben) und Erich Knauf, Schriftleiter der Büchergilde Gutenberg (Hinrichtung im KZ Oranienburg).

Karikatur »Dienst am Volk« von Erich Ohser, 1931

Auch in den Tagebüchern, so stellt von Bülow durchgängig fest, wählt Kästner »*die Rolle des unbeteiligten Zeugen bzw. des neutralen Beobachters. Der Anschein der Kaltherzigkeit gehört zur Moral des Beobachters, der die Bewertung anderen überlässt*«.[78] Von Bülow kommentiert weiter:

Bei der Lektüre des Tagebuchs fällt auf, wie präzise und umfassend Kästner informiert war, auch über innere Vorgänge im Umkreis des Propagandaministeriums oder über Judenverfolgungen. Offenbar pflegte er gezielt Kontakte zu mehr oder weniger ‚Eingeweihten', dabei ging er nicht selten erhebliche Risiken ein. Das wird deutlich, wenn man die Biografien seiner Informanten betrachtet, mit denen er in den Kriegsjahren vor allem nächtens in den Charlottenburger Bars und Restaurants oder in Privatwohnungen sprach.

---

77 Ulrich von Bülow, Nachwort S. 295f. in: Kästner »Das Blaue Buch« a.a.O. 2006

78 Ebenda S..299

Von Bülow benennt beispielsweise den Stammtischfreund Hans-Georg Kemnitzer, Kontaktperson bei der Reichsschrifttumskammer und für den sogenannten »Obersten SA-Führer«. Später fungierte Kemnitzer von Goebbels persönlich berufen als »Referent zur besonderen Verwendung« und 1940 hatte er eine Funktion beim »Deutschen Nachrichtenbüro«, einer propagandistischen Stabstelle der Nazis.[79]

5. Die merkwürdige Selbstdistanzierung Kästners gegenüber dem eigenen literarischen gesellschaftskritischen Engagement in der Weimarer Zeit z. B. in *Briefe an mich selber*[80] und seine zahlreichen Einlassungen über einen unmöglichen Widerstand gegen das Naziregime in zahlreichen Nachkriegsreden offenbaren Kästners Verschleierungen und die Ignoranz gegenüber biografischen Tatsachen.

»Wollte er weiter publizieren, dann durfte er unter keinen Umständen politisch auffallen. Diese selbstauferlegte Schweigepflicht hat er zwölf Jahre lang ohne eine einzige Ausnahme durchgehalten. Seine letzte gedruckte Stellungnahme zum politischen Geschehen datiert vom 17. März 1933 auf eine Umfrage der *Literarischen Welt*.« »Auch später wird er in seinen Tagebuchaufzeichnungen lediglich als Chronist über Deportationen und Erschießungen von Juden berichten«.[81] Die nach dem Krieg postulierte Standortbestimmung des Satirikers Kästner klingt nach dem Krieg 1946 und erst recht in den späteren Selbstdarstellungen unglaubwürdig.[82] In Notabene 45 bekennt Kästner 1962:»Ich mußte das Original angreifen, ohne dessen Authenzität anzutasten. […] Ich habe den Text geändert, doch am Inhalt kein Jota.«[83]

6. Die unbelegte und noch in der Nachkriegszeit von Kästner verbreitete Rechtfertigung für seine innere Emigration, er hätte als authentischer Zeitreporter an einem großen aufklärerischen Roman über

---

79 Ebenda S. 299
80 W3, 325ff.
81 Ebenda, S.176
82 »Satiriker können nicht schweigen«, E. K.: *Bei Durchsicht meiner Bücher*, Zürich: Atrium 1946, Vorwort S.7
83 E. K.: Notabene 45. Ein Tagebuch. Zürich: Atrium 1961, Vorbemerkungen, S.9

In dem folgenden Jahrdutzend sah ich Bücher von mir nur die wenigen Male, die ich im Ausland war. In Kopenhagen, in Zürich, in London. — Es ist ein merkwürdiges Gefühl, ein verbotener Schriftsteller zu sein und seine Bücher nie mehr in den Regalen und Schaufenstern der Buchläden zu sehen. In keiner Stadt des Vaterlands. Nicht einmal in der Heimatstadt. Nicht einmal zu Weihnachten, wenn die Deutschen durch die verschneiten Straßen eilen, um Geschenke zu besorgen. Zwölf Weihnachten lang! Man ist ein lebender Leichnam.

Es hat zwölf lange Jahre gedauert, bis das Dritte Reich am Ende war. Zwölf kurze Jahre haben genügt, Deutschland zugrunde zu richten. Und man war kein Prophet, wenn man, in satirischen Strophen, diese und ähnliche Ereignisse voraussagte. Daß keine Irrtümer vorkommen konnten, lag am Gegenstand: am Charakter der Deutschen. Den Gegenstand seiner Kritik muß der Satiriker natürlich kennen. Ich kenne ihn.

Das vorliegende Buch stellt eine Auswahl aus meinen vier vor 1933 erschienenen Gedichtbänden dar. Was in diesen ein „prophetischer" Ausblick war, erscheint nun als geschichtlicher Rückblick. Während des Dritten Reichs kam in der Schweiz ein anderer Auswahlband heraus. Er heißt „Doktor Erich Kästners lyrische Hausapotheke" (Atrium-Verlag) und enthält Gedichte, die sich mit den privaten Gefühlen des heutigen Großstadtmenschen beschäftigen. Der vorliegende Band enthält, im Gegensatz dazu, Gedichte vorwiegend sozialen, politischen, gesellschaftskritischen Charakters.

Es handelt sich, wie gesagt, um einen Rückblick. Die Verse zeigen, wie es vor 1933 in den Großstädten und anderswo aussah. Und sie zeigen auch, wie ein junger Mann durch Ironie, Kritik, Anklage, Hohn und Gelächter zu warnen versuchte. Daß derartige Versuche keinen Sinn haben, ist selbstverständlich. Ebenso selbstverständlich ist, daß die Sinnlosigkeit solcher Versuche und das Wissen um diese Sinnlosigkeit einen Satiriker noch nie zum Schweigen gebracht haben und niemals dazu bringen werden. Außer man verbrennt seine Bücher.

Satiriker können nicht schweigen, weil sie Schulmeister sind. Und Schulmeister müssen schulmeistern. Ja, und im verstecktesten Winkel ihres Herzens blüht schüchtern und trotz allem Unfug der Welt die törichte, unsinnige Hoffnung, daß die Menschen vielleicht doch ein wenig, ein ganz klein wenig besser werden könnten, wenn man sie oft genug beschimpft, bittet, beleidigt und auslacht.

Satiriker sind Idealisten.

München, zwischen Krieg und Frieden, 1946

Erich Kästner

Umschlag »Bei Durchsicht meiner Bücher« und Textausschnitt aus Vorwort S.6f.

das Dritte Reich arbeiten wollen, erscheint durch die von Bülow im Nachlass erwähnten Recherchen unglaubwürdig.
Um diesen Roman zu schreiben, war Kästner – wie er oft betonte – in Deutschland geblieben, obwohl er zur Emigration Anlässe und als weltweit bekannter Autor – Möglichkeiten genug gehabt hätte. Mit Recht wurde darauf hingewiesen, dass ihn außerdem andere Motive zum Bleiben bewegt haben mochten: die Bindung an seine Mutter und ein eigensinniges patriotisches Pflichtgefühl.[84]
*Die Arbeit am Roman stand unter hohem Erfolgsdruck, weil er im Nachhinein Opfer und Kompromisse rechtfertigen sollte. Mit dem Romanprojekt scheiterte ein Lebensentwurf. In seinen Vorbemerkungen zu »Notabene 45« erklärt Kästner sein Unvermögen, den mehrfach angekündigten Roman zu schreiben«. [...]
Kästner »scheiterte an der Aufgabe, die eigene Erfahrung in eine Beziehung zu übergreifenden geschichtlichen Zusammenhängen zu setzen.*[85]

Einen vergleichbaren „Zeitroman" zu schreiben, wie ihn Thomas Mann mit seinem Roman *Der Zauberberg* für die Zeit vor dem Ersten Weltkrieg vorgelegt hatte, überforderte Erich Kästner. Ihn ängstigte der Verlust seiner Reputation. Die politische, literarische, intellektuelle und moralische Kraft zu einer Bewältigung seines selbst öffentlich bekundeten Anspruches konnte Kästner nicht aufbringen.[86] Hinzu kamen die psychisch belastenden erheblichen Beziehungsprobleme Kästners.

Kästner manövrierte sich selbst in eine persönlich tragisch endende Sackgasse. Er verirrte sich aussichtslos in seinen eigenen Ängsten und Widersprüchen sowie moralisch fragwürdigen Kompromissen insbesondere auch im privaten Lebensbereich.

Es tut weh, Kästner weh zu tun.[87]

---

84 Ulrich von Bülow, *Nachwort* in *Das Blaue Buch*, a.a.O. S. 298
85 Ebenda, S. 394
86 Auch Kästners klischeebelastete *Die Schule der Diktatoren* (1956) zeugt von dieser Schwäche.
87 Vgl. dazu auch den gleichlautenden Beitrag von Harald Vogel im Feuilleton der in Dresden erscheinenden *Sächsischen Zeitung* anlässlich der Tagung der Kurt Tucholsky-Gesellschaft 2014 im Erich Kästner Museum Dresden, Artikel S.15 in der Ausgabe vom 17.10.2014: *Es tut weh, Kästner weh zu tun – Sie waren klug, streitbar und am Ende unglücklich: ein Gespräch über Kurt Tucholsky und Erich Kästner,*

Dies spürt man an den Würdigungen, die vor allem seine moralische Aura als pädagogische Leitfigur, als sensiblen Poeten und lyrischen Hausapotheker sowie als engagierten Alltagskritiker schätzen.[88]

Die literarischen Würdigungen und Einordnungen seiner zeitgenössischen Kabarettfreunde und journalistischen Wegbegleiter verfahren in der Regel auch in verständnisvoller und verehrender freundschaftlicher Zuwendung, auch wenn spürbar wird, dass die Verfasser selbst die Perspektive eines wohlwollenden Kollegen gegenüber Erich Kästner einnehmen.[89]

Eine lebenslange spürbar vertraute Freundschaft verband Hermann Kesten[90] mit Erich Kästner schon seit den Jahren der Weimarer Republik. Seine literarische Wertschätzung ist bezogen auf die Zeit bis 1932 präzis beobachtet und treffend gewürdigt. Kesten schont seinen Freund jedoch in der Benennung von Widersprüchen.

Peter Rühmkorf[91] bildet in dem Sinne eine Ausnahme, dass er die eingängigen und verständigen Verse Kästners in ihrer Wirkungssubstanz auf den kritischen Prüfstand stellt, was wir bereits dargestellt haben.

Die Diskrepanz zwischen dem Selbstverständnis des Zeitkritikers Kästner und seinen vergleichsweise politisch harmlosen Gedichten bemerkt auch der Erich-Kästner-Preisträger Robert Gernhardt[92], der vor allem Kästners Schweigen im Dritten Reich nicht begreifen kann und daher Kästners Rolle *im Club der verstummten Dichter* unaufgeklärt sieht.

---

88 Vgl. Rudolf Wolff (Hrsg.): *Erich Kästner. Werk und Wirkung*. Bonn: Bouvier 1983. (Slg. Profile 1); Frankfurter Universitätsbibliothekskatalog zum 90. Geburtstag, a.a.O., Frankfurt am Main 1989; Matthias Flotow (Hrsg.): *Erich Kästner. Ein Moralist aus Dresden*. Texte aus der ev. Akademie Meißen. Leipzig: Ev. Verlagsanstalt 1995. Liebevolle Gesamtwürdigungen bieten auch Helga Bemmann: *Humor auf Taille. Erich Kästner. – Leben und Werk*. Berlin: Verlag der Nation 1983; Klaus Kordon: *Die Zeit ist kaputt; Die Lebensgeschichte des Erich Kästner*. Weinheim und Basel: Beltz&Gelberg 1994;

89 Vgl. Kap. 13 in Vogel/Gans: *Kästner lesen*, a.a.O. 2013, S. 221ff.

90 Hermann Kesten: *Erich Kästner*. In Ders.: *Meine Freunde, die Poeten*. München: Atrium 1959, S. 353ff. [als Tb. 1984].

91 Peter Rühmkorf: *Gesang aus dem Innern der Larve –Rede auf Erich Kästner-*. In: Ders. Dreizehn deutsche Dichter. Reinbek bei Hamburg: Rowohlt 1989, S. 107ff. Ebenso: *Einkreisung im Exil – Kurt Tucholskys »Briefe aus dem Schweigen« -*, S.76ff. Rühmkorfs Würdigungen sind auch unter anderen Überschriften erschienen in: *In meinen Kopf passen viele Widersprüche. Über Kollegen*. Mit Dichterporträts von F. W. Bernstein. Göttingen: Wallstein 2012

92 Robert Gernhardt: »Langt es? Langt es nicht?« *Fragen zum Gedicht*. In: Die Zeit, Nr.8, 18.2.1999, S. 45, ebenso Kästner lesen, 2013, a.a.O, S.41f.

Marcel Reich-Ranicki seziert als aufmerksamer, emphatisch zugeneigter und zugleich kritischer Analytiker in knappen Statements, dass Erich Kästner als ein *wehmütiger Satiriker* und *augenzwinkernder Skeptiker*[93] einzuschätzen sei. Die Kabarettkollegen sparen weitgehend Kästners Krisenzeit und sein persönliches Dilemma aus. Volker Kühn vermeidet diese Thematik in seiner systematisierenden Dokumentation *Kästner als Kabarettautor* in seinem Beitrag zum 100. Geburtstag des Autors.[94]

Eine Ausnahme macht Werner Schneyder[95], der Hochschätzung, selbstverleugnendes Versagen im Dritten Reich und persönliche Tragik nach dem Krieg aufklärend einzuschätzen sucht, indem er sich auch als Erster nicht an den biografischen Vorgaben der als befangen geltenden Luiselotte Enderle orientiert[96], sondern Thomas Kästner als betroffenen Zeitzeugen hört.

Aufgrund von intensiven Nachlassstudien im Marbacher Literaturarchiv, wo nach dem Tod von Luiselotte Enderle aufgrund von Thomas Kästners Entscheidung der gesamte Nachlass zusammengeführt wurde, haben die einschlägigen Biografen zum 100. Geburtstag von Erich Kästner das verklärende Bild korrigiert, das Enderle in der bis 2003 als authentisch geltenden *rowohlts monographie* vorgab.

Sven Hanuschek, der die neu aufgelegte Monografie für Rowohlts Reihe verfasste, widerspricht mit seiner Bewertung von Kästners Herkunft als *Gerücht* im Kapitel *Mythen der Kindheit* seinen eigenen biografischen Recherchen für seine Jubiläumsbiografie[97]. Warum er trotz dieser dort dokumentierten

---

93 Marcel Reich-Ranicki: *Der Dichter der kleinen Freih*eit. In: Erich Kästner: Seelisch verwendbar. 66 Gedichte, 16 Epigramme und 1 Prosaische Zwischenbemerkung. Ausgewählt von Teofila Reich-Ranicki. Mit einem Essay von Marcel Reich-Ranicki. München, Wien: Hanser 1998, S.131ff.; vgl. auch Kästner lesen, a.a.O. 2012, S.213ff. und dort die anderen Publikationsorte des Essays

94 Vgl. Volker Kühn: *Kleiner Mann zwischen den Stühlen, gibt zu bedenken. Erich Kästner und das Kabarett.* in dem zitierten Katalog *Die Zeit fährt Auto.* Erich Kästner zum 100. Geburtstag a.a.O. 1999, S. 91ff.

95 Werner Schneyder: *Erich Kästner. Ein brauchbarer Autor*, a.a.O.1982

96 Vgl. Die erste Fassung von rowohts monographie Erich Kästner mit Selbstzeugnissen und Bilddokumenten dargestellt von Luiselotte Enderle. Reinbek bei Hamburg: Rowohlt 1960, die von der Ausgabe abgelöst wurde, die Sven Hanuschek neu erarbeitet hat.

97 Sven Hanuschek: *Keiner blickt dir hinter das Gesicht. Das Leben Erich Kästners.* München/Wien: Hanser 1999

Nachweise die uneheliche Vaterschaft des jüdischen Hausarztes Emil Zimmermann anzweifelt, bleibt unverständlich.

Franz Josef Görtz und Hans Sarkowicz[98] recherchieren in ihrer parallel zu Hanuschek erschienenen Biografie ebenso gewissenhaft und mit identischen Befunden, urteilen aber eindeutiger und belegen die korrigierte Sicht auf Kästners Abstammung.

Es sollen die Probleme, die Kästners Entschluss, am Lebensende sich als ‚*Schriftsteller im Ruhestand*'[99] zu erklären, beeinflusst haben dürften, abschließend zusammengefasst werden.

Kästner trug sein Leben lang das Geheimnis der Vaterschaft des jüdischen Hausarztes Sanitätsrat Dr. Emil Zimmermann mit sich herum. Die Indizien, wie seine Mutter und er selbst seinen standesamtlich geführten Vater Emil Kästner in ihrem Leben übergingen, in seiner Kindheit nur duldeten, ergibt sich aus allen autobiographischen Zeugnissen und aus Kästners autobiographischem Roman *Als ich ein kleiner Junge war*. Neben der Aussage seines gleichfalls unehelichen Sohnes Thomas Kästner im Interview mit Werner Schneyder und weiteren Zeugnissen u. a. von Luiselotte Enderle und Friedel Siebert sowie anderen Zeitzeugen (vgl. die Biographien von Sven Hanuschek und Görtz/Sarkowicz) ergeben sich eine innere Zerrissenheit und ein Identitätskonflikt, die Kästner schon seit seiner Kindheit zur Bewältigung von biografischen Geheimnissen begleiteten.

Erich und Thomas Kästner, 1974

Dies führt uns zu einem weiteren Lebensproblem Kästners, das gravierend seine Nachkriegslebenszeit belastete. Es wurde bereits die Liebe zu der Schauspielerin Friedhilde [genannt Friedel] Siebert und dem mit ihr gezeugten Sohn

---

98 Dies. Unter Mitarbeit von Anja Johann: *Erich Kästner. Eine Biographie*. München/Zürich: Piper 1998

99 Hanuschek in rowohlts monographie, S.134

Thomas erwähnt. Drei Jahre verschwieg Erich Kästner diese Beziehung seiner Lebensgefährtin Luiselotte Enderle, mit der er seit dem Ende der Weimarer Republik und während des Dritten Reiches – wenn auch nicht in Liebe -, wie Luiselotte Enderle selbst gegenüber Schneyder bekennt, zusammenlebte und zeitweise auch arbeitete. Kästners Vaterschaft gegenüber seinem Sohn Thomas kolportierte erst die Boulevardpresse.[100] Der Versuch Kästners einen Kompromiss zu leben, fünf Wochen bei Friedel Siebert und seinem Sohn in Berlin und fünf Wochen in München bei Luiselotte Enderle, musste fehlschlagen. Er riskierte dieses Spiel fünf Jahre von 1964 bis 1969, inkognito in Berlin unter heftigen Attacken und Testamentsstreitigkeiten seitens Luiselotte Enderle. Schließlich beendete Friedhilde Siebert *die zerstörerische Konstellation.*[101] Kästner blieb endgültig in München und versäumte so nicht nur eine ersehnte beständige Liebesbeziehung, die zweite wahrhaftige nach Ilse Julius, sondern verzichtete auch auf die Chance zu einer gelebten Vaterrolle. Kästner versagte damit seinem Sohn Thomas eine Kindheit, die er selbst vermisst hat. Eine tragische Entscheidung, die vieles in ihm und auch in seinen Beziehungen zerstörte. Den Nachnamen „Kästner" für Thomas beantragten die Eltern gemeinsam und erfolgreich. Friedel Siebert ging mit Thomas nach der Trennung in die Schweiz nach Chur. Sie litt unter Depressionen seit der Trennung. Friedel Siebert starb mit sechzig Jahren in Zürich. Thomas Kästner, der als anerkannter Musiker in der Schweiz lebt, zog sich als Erwachsener von seinem Vater zurück und hatte, wie Schneyder überliefert, von der »*Kästnerei*« genug.[102]

Die beschönigende Aufarbeitung seiner Vergangenheit im Dritten Reich bewältigte Kästner auf Dauer nicht. Er konnte nicht alle seine Kollegen und eingeweihten Freunde überzeugen. Zwar erlangte Kästner in den ersten Jahren noch einen nicht widerspruchsfreien Ruhm als PEN-Präsident[103] und aufgrund der Verleihung des Georg-Büchner-Preises 1957. Dem Kreis der

---

100 Vgl. Hanuscheks rowohls monographie Erich Kästner, insbesondere Kap. *Einsam bist du sehr alleine*, S.117 ff. und die genannten Biographien

101 Ebenda S. 128

102 Ebenda S. 134ff., Schneyder, Anm. 89, a.a.O, S.26

103 Sven Hanuschek: »Eine Kreuzung aus Eier- und Schleiertanz«. Erich Kästner als Funktionär des PEN 1946-1962. In: *Die Zeit fährt Auto*, Ausstellungskatalog zum 100. Geb. a.a.O., S.182ff.

Gruppe 47[104], dem das literarische Zeitgeschehen dominierenden Autoren- und Verlegerzirkel in Westdeutschland, gehörte er allerdings nicht an. Kästner wurde vom Zeremonienmeister Hans Werner Richter nicht eingeladen. Die heute bekannt gewordenen Erinnerungslücken vieler prominenter Autoren der *Gruppe 47* über Ihre SS-Mitgliedschaft waren damals noch nicht bekannt.

Sein Kabarettdebüt gelang Erich Kästner nur kurze Zeit.[105] Kästner wurde im Wesentlichen reduziert auf seine sehr erfolgreiche Rolle als Kinder- und Jugendbuchschriftsteller und Autor unterhaltsamer Filmromane, Drehbücher und Alltagslyrik. Materiell ging es ihm gut. Persönlich wurde es einsam um ihn. Hanuschek fasst zusammen:

Er haderte mit seiner Vergangenheit und sah die Kompromisse im Nationalsozialismus zunehmend als Fehler an. In späten Interviews fürchtete er, ,falsch gelebt zu haben'. [...] Münchener Mitgliedern von Amnesty International erklärte er, er „sei nicht mehr der Ansicht, daß man entscheidend zur Beseitigung einer Diktatur dadurch beitragen kann, daß man bleibt."
Kästner war zum Volksschriftsteller geworden und konnte sich immer weniger gegen die Zumutungen dieses Status wehren. Seine Gedichte mussten für alles herhalten, als Reklame für den „neuen Schwedenfilm" oder für die [...] „Anneliese Rothenberger Show". Er sollte für Toilettenpapier und für Feinstrumpfhosen werben. [...] Kästner wurde für banale Festtagsreden missbraucht. »Es fiel ihm nichts mehr ein, er war nun ein blockierter Schriftsteller ohne ernstzunehmende Arbeit, und er litt unter diesem Zustand. Schon kurz vor seinem Zusammenbruch 1961 hatte er Edmund Nick seine Selbstzweifel gebeichtet. [...] Etwa um 1970 zog er die Konsequenz und betrachtete sich als Schriftseller im Ruhestand.[106]

---

104 Vgl. Helmut Bötticher: Die Gruppe 47. Als die deutsche Literatur Geschichte schrieb. München: DVA 2012; Toni Richter: *Die Gruppe 47 in Bildern und Texten*. Köln: Kiepenheuer & Witsch 1997. Vgl. auch Reinhard Lettau (Hrsg.): *Die Gruppe 47. Bericht, Kritik, Polemik. Ein Handbuch*. Neuwied/Berlin: Luchterhand 1967

105 Neben dem zitierten Beitrag von Volker Kühn (Anm. 88) sei verwiesen auf Meike Wagner: *Satire in Trümmern. Erich Kästner und die Schaubühne*. In: *Die Zeit fährt Auto*. Ausstellungskatalog zum 100. Geb. a.a.O. 1999, S.153ff. Vgl. auch das Nachwort von Hermann Kurzke in W2, S.413ff.

106 Hanuschek in *Erich Kästner*, rowohlts monographie, a.a.O., S. 134

Er litt unter seiner Nikotin- und Alkoholsucht, schließlich kam Speiseröhrenkrebs hinzu. Kästner starb am 25. Juli 1974 im Krankenaus Neuperlach und wurde auf dem Münchener Bogenhauser Prominentenfriedhof St. Georg beigesetzt. Luiselotte Enderle wurde 1991 im selben Grab bestattet.[107]

Zusammenfassend lässt sich anmerken, dass bei allem wertorientierten Idealismus und Humanismus beider Schriftsteller die schriftstellerische Bedeutung von Kurt Tucholsky und Erich Kästner unterschiedlich gewichtet werden muss. Beide haben mit Widersprüchen zu kämpfen, mit dem Widerstreit zwischen Ideal und Wirklichkeit bezogen auf ihren eigenen schriftstellerischen Anspruch und auf ihr gesellschaftskritisches Engagement. Die selbstkritische Reflexion und die Urteilskraft gegenüber den politischen und gesellschaftlichen Zuständen, denen ihr literarisches und journalistisches Engagement galt, sind jedoch von unterschiedlicher Wahrhaftigkeit und Überzeugungskraft.
Die Widerstandsfähigkeit im Wort ist bei Tucholsky konkreter und politisch schlagkräftiger sowie psychologisch differenzierter, weil sein literarischer und intellektueller Horizont und Scharfsinn konsequenter und vielseitiger ausgeprägt sind.
Beide sind sehr sensibel und verletzlich konstituiert, ihre ausgeprägte Neigung zum Aufspüren von psychischen Zuständen und verzweifelter Selbstortung meidet trotz zunehmender Skepsis und Depression Sentimentalität, gibt eher melancholischen Stimmungen nach. Beider unerfüllte Sehnsüchte und idealistische Selbstentwürfe führen zu selbstzweiflerischen Spiegelungen (vgl. Tucholskys *Der Mann am Spiegel*, Kästners *Kleines Solo*) Die damit verbundene Angst vor Verwundbarkeit oder Überfremdung ihrer persönlichen Integrität bzw. ihrer Selbstbestimmung führt zu Beziehungsängsten und -widersprüchen, die eine gewisse Beziehungsunfähigkeit nicht ausschließen.

Kästner ist in dieser Beziehung durch seine belastete Herkunft und Milieugeprägtheit befangener und ängstlicher. Sein literarisches Selbstverständnis

---
107 Ebenda, S.134f.

Kurt Tucholsky

Erich Kästner

hilft ihm einen sachlichen, beobachtenden, filmisch und reportagehaft geprägten Stil zu entwickeln, der sich mal humoristisch, mal pädagogisch, auch melancholisch, selbstreflexiv sowie satirisch anklagend bzw. zuweilen zynisch zuspitzt, aber immer einen speziellen Kästnerton signalisiert, wohltuend eingängig und erstaunlich aneignend, unmittelbar, wie es Rühmkorf beschrieb. Dieses auch von seinen Lesern und Kritikern dankbar anerkannte Handwerk und Niveau bezieht sich aber vor allem auf die Werke bis zum Ende der Weimarer Republik. Die inneren Verwerfungen der späteren Zeit verdrängen diese Kompetenzen zunehmend zu Kompromissen gegenüber den unterhaltenden Ansprüchen der unter Pseudonym produzierten Werke.

Schneyder bilanziert bitter Kästners Leben:
Erich Kästner begann als nerviger, hochintelligenter Asphaltliterat. Die Zeit und die Zukunft, die er hellsichtig hochrechnete, provozierten seine Sprache und sein Formgefühl. Er endete als [...] von unbewältigtem Privatleben zerriebenes Denkmal seiner selbst. Schweigend, aufgegeben, wehrlos.[108]

Tucholskys literarische Qualitäten der politisch satirisch pointierten und zugleich analytisch und prognostisch zugespitzten Zeitprofile, Rezensionen, Kritiken und psychologisch reflektierten und artistisch komponierten Kabaretttexte sowie Charakterbilder entfalten sich in einem schriftstellerischen Rollenspiel[109] unerwarteter Produktivität. Dabei kommt auch die Selbstreflexion nicht zu kurz, die sich nicht wie bei Kästner in autobiographischer Authentizität erschöpft, sondern sich selbstkritisch und intellektuell raffi-

---

108 Werner Schneyder: Erich Kästner, Anm.89, a.a.O., S.13
109 Kurt Tucholsky: *Start [Wir sind fünf Finger an einer Hand.]* GW9, Nr.173, S. 654ff. (18.12.1927)

niert auch in seinen Briefen zu inszenieren weiß. Die von seinem Kritiker und Bewunderer Jacobsohn eingeforderte und sich selbst auferlegte Sorgfalt, Originalität und intellektuelle Treffsicherheit seiner satirisch pointierten Texte ist einmalig und hat auch eine unnachahmliche Diktion, einen unverwechselbaren Tucholskyschen Ton ohne intellektuelle Überheblichkeit mit einem Schuss frecher Schnauze und einer Prise bitteren Humor.
Den Wahrhaftigkeitsanspruch an sich selbst hat Tucholsky aphoristisch formuliert:

Nichts ist schwerer und nichts erfordert mehr Charakter, als sich in offenem Gegensatz zu seiner Zeit zu befinden und laut zu sagen: Nein.[110]

Faksimile: Tucholsky »Deutschland -? Schweigen und weitergehen«

---

110 Kurt Tucholsky: *Die Verteidigung des Vaterlandes*. GW5, Nr.61, S.213; WB 6.10.1921

Was darf die Satire? (Tucholsky) –
Eine kleine Sonntagspredigt (Kästner)

Vom Sinn und Wesen der Satire.
Kurt Tucholsky und Erich Kästner – ein Diskurs

Vorbemerkung[111]

Am 9. Januar [2015] jährte sich zum 125. Mal Kurt Tucholskys Geburtstag. Dieses Gedenken datiert 2 Tage nach dem schwarzen Terrormittwoch, den mörderischen Angriff auf die Satireredaktion »Charlie Hebdo« in Paris, die in ihrer Satirezeitschrift den mörderischen Terror der IS [*Islamischer Staat*] karikiert hatte. Kurt Tucholsky, der zeitkritische Satiriker, politische Journalist, Kabarettautor und Kulturkritiker in der Weimarer Republik veröffentlichte 1919 im *Berliner Tageblatt* einen Essay mit dem Titel *Was darf die Satire?*, der gegenwärtig aus aktuellem Anlass viel diskutiert wird.

Tucholskys Appell nach dem I. Weltkrieg 1919 und sein Statement vor der Machtergreifung 1932: *Die Zeit schreit nach Satire*[112] waren nicht nur nach dem II. Weltkrieg zur Zeit der *unbewältigten Vergangenheit* notwendig, sie gelten leider bis in unsere Gegenwart und zweifellos solange, wie Verfolgung

---

[111] Die zeitliche Einordnung dieses Satirekapitels bezieht sich auf aktuelle Anlässe im Zusammenhang mit dem Erscheinen dieses Bandes: dem Gedenken an den 125. Geburtstag von Kurt Tucholsky am 9.1.2015 und den Terrormorden in Paris auf die Redaktion der Satirezeitschrift *Charlie Hepdo* am 7.1.15. Die dabei ausgelöste Diskussion um die politischen und presserechtlichen Grenzen satirischer und karikierender Kommentierung von menschenverachtenden Zeitereignissen zitierte immer wieder verkürzt den Tucholskysatz *Was darf die Satire? Alles.* in seinem gleichlautendem Essay im *Berliner Tageblatt Jg.48, Nr.36, 27.1.1919.* Vgl. GW3, Nr.12, S.30ff., der zu einer grundsätzlichen Klärung von *Wesen und Sinn der Satire* herausfordert. Ein diskursiver Vergleich zwischen zwei Vertretern satirischer Zeitkritik in der Weimarer Republik soll den Blick schärfen und das journalistische bzw. literarische Selbstverständnis von zwei Protagonisten der Satire klären helfen. Von beiden Autoren gibt es poetologische und gesellschaftskritische Positionierungen zur Form und Funktion der Satire. Die Herkunft des titelgebenden Zitats von Tucholsky ist benannt, das zweite Zitat *Vom Wesen und Sinn der Satire* bezieht sich auf den Untertitel von Erich Kästners Artikel *Eine kleine Sonntagspredigt* (W2, S.127ff.), der er in *Die Neue Zeitung* vom 4.8.1947 zum ersten Mal veröffentlichte.

[112] GW11, Nr.66, S.176ff., Vossische Zeitung vom 9.6.1929 und *Deutschland, Deutschland über alles. Ein Bilderbuch von Kurt Tucholsky und vielen Fotografen. Montiert von John Hartfield.* Reinbek bei Hamburg: Rowohlt 1929, S.99ff., GW12, Faksimileabdruck

aus Menschenverachtung, Fremdenhass, Unterdrückung, Vertreibung, Terror und Völkermord andauern.
Tucholsky meint mit Satire nicht einen unbegründeten Angriff und keine unbegründete Diffamierung. Seine satirische Waffe zielt auf provozierende Anklage und Aufklärung. Auch wenn mit einer verändernden Wirkung der Verhältnisse nicht zu rechnen ist, ist doch der geistige Kampf, Unrecht an den Pranger zu stellen, Menschenrechtsverletzungen zu brandmarken gerechtfertigt und notwendig. Tucholsky Kampf mit seiner satirischen Waffe endete tragisch vor 80 Jahren am 21.12.1935 bücherverbrannt, von Nazimördern verfolgt, ausgebürgert, staatenlos im schwedischen Exil an einer Überdosis Schlaftabletten: als »aufgehörter Schriftsteller«, wie er sich in seinem Abschiedsbrief an Arnold Zweig vom 15. 12. 1935 selbst bezeichnete.[113] Auch die aktuellen Morde und terroristischen Anschläge geben eher Anlass zur Verzweiflung und Resignation. Wenn man aber auf die Geschichte blickt, kann man die Wirkung der zugespitzten Kritik und des Widerstandes erst in zeitgeschichtlicher Distanz einschätzen und würdigen. Und die Wirkung ist allein nicht zu messen an der Veränderung der gesellschaftlichen politischen Verhältnisse, sondern ebenso an den nur schwer zu evaluierenden Bewusstseinwirkungen und der Schärfung der Urteilsmaßstäbe.

Ein Vergleich der beiden sich als Satiriker verstehenden Schriftsteller Kurt Tucholsky und Erich Kästner, beide *Weltbühne*-Autoren am Ende der Weimarer Republik kann die beiden engagierten Autoren in ihrer jeweiligen Profilierung charakterisieren sowie ihre journalistischen bzw. literarischen Attacken auf die republikfeindlichen Tendenzen und faschistoiden Vorgänge in den Jahren vor der Nazidiktatur bewerten. Dabei wird es wichtig sein, das persönlich Konstitutive von den literarischen, handwerklichen Kompetenzen zu trennen.

Entscheidend für die Gültigkeit und damit die Wertigkeit sowie moralische Rechtfertigung einer Satire ist die Abwägung zwischen ihrer Erscheinungsform, der provokativ überspitzten, anklägerisch gestalteten Aussage, dem satirischen Angriff und dem zugrundeliegenden, den Angriff, die Kritik pro-

---

[113] GW21, Nr.B155, S.478

vozierenden Anlass. Der Maßstab zur Beurteilung des angegriffenen Sachverhalts, der angeprangerten Geisteshaltung bzw. die berechtigte Kritik an verletzten Wertmaßstäben und humanitären Werten ist entscheidend bei der Abwägung über die Unzulässigkeit eines satirischen Angriffs.[114] Unabhängig davon ist es völlig legitim, sich gegen eine satirische Aussage begründet zu wehren und sich persönlich von der gewählten Form zu distanzieren. Dies darf nicht mit der Forderung nach Zensur oder einem Verbot gleichgesetzt werden. Widerspruch ist legitim von beiden Seiten, Autor und Publikum, ja führt zu dem bewusst provozierten Diskurs über den angeprangerten Sachverhalt und die damit tangierte Wertediskussion.

Es gilt grundsätzlich:
Der zugrundeliegende Sachverhalt, der protestauslösende Anlass und die autorisierende Wertehaltung, die zur Entscheidung für eine aufklärerische Provokation mit Hilfe einer Satire führen, sind beim Verstehen einer Satire und bei der Beurteilung über die Legitimität einer satirischen Darstellung immer mitzudenken!

Dies leitet sich aus Tucholskys Postulat ab, das der verkürzten Formel seines Satirestatements *»Was darf die Satire? Alles!«* vorausgeht:
Der Satiriker ist ein gekränkter Idealist: er will die Welt gut haben, sie ist schlecht, und nun rennt er gegen das Schlechte an.[115]

Der Streit um Urteilsmaßstäbe und um das entsprechende Wertebewusstsein ist wie bei jedem gesellschaftskritischen und politisch-moralischen Wettstreit nicht zu vermeiden, ja gehört zur beabsichtigten Wirkung des satirischen

---

114 Die Verleihung des US-Preises für Meinungsfreiheit an die französische Satirezeitschrift *Charlie Hepdo* 2015 hat eine Kontroverse im Deutschen PEN-Zentrum ausgelöst, die das diskutierte Missverständnis widerspiegelt. Vgl. den Artikel der Frankfurter Rundschau vom 30. April 2015, S.35 nach dpa/AFD mit dem Titel *Streit um „Charlie Hepdo". **Pen** Die Auszeichnung der Satirezeitschrift mit dem Preis für Menschenrechte erregt Kritik*

115 GW3, Nr.12, S.30.

Angriffs. Diese Auseinandersetzung gehört zur Kultur des gesellschaftlichen Diskurses und muss auch bei der literarischen Analyse beachtet werden.[116]

Kurt Tucholskys Essays, darunter die am meisten zitierte Grundsatzfrage *Was darf die Satire?* sollen im Vergleich der beiden Schriftsteller Tucholsky und Kästner zuerst betrachtet werden.[117]

---

116 Zur didaktisch angemessenen Analyse von satirischen Texten eignet sich das Bändchen des Reclam Verlags *Satirische Texte*. Hrsg. v. Norbert Feinäugle. Stuttgart 1976 (UB9524) und ebendort *Geschichte in Karikaturen. Von 1848 bis zur Gegenwart*. Hrsg. v. Herbert Krüger und Werner Krüger. Stuttgart 1981 (UB9566). Als gute Handwerkslehre empfiehlt sich auch Albert Bremerich-Vos: *Textanalyse*. Arbeitsbuch für den Deutschunterricht in der Sekundarstufe II. Frankfurt a.M.: Diesterweg 1989; *Politische Lyrik*. Arbeitsbuch und Begleitheft. Mit einer Einführung in Verfahren zur Erarbeitung politischer Gedichte. Für die Schule hrsg. von Karlheinz Fingerhut und Norbert Hopster. Frankfurt am Main, Berlin,/ München : Diesterweg 1981

117 Vgl. Harald Vogel: *Tucholsky lesen*. Lesewege und Lesezeichen zum literarischen Werk: Reihe Leseportrait (ders. Hrsg.) Bd.1, 2. Aktualisierte Auflage, Baltmannsweiler: Schneider Verlag Hohengehren 1997, Kap.IX, S.158ff.

Kurt Tucholsky
Was darf die Satire? (1919)[118]

Frau Vockerat: »Aber man muß doch seine Freude haben können an der Kunst.«
Johannes: »Man kann viel mehr haben an der Kunst als seine Freude.«
Gerhart Hauptmann

Wenn einer bei uns einen guten politischen Witz macht, dann sitzt halb Deutschland auf dem Sofa und nimmt übel.
Satire scheint eine durchaus negative Sache. Sie sagt: »Nein!« Eine Satire, die zur Zeichnung einer Kriegsanleihe auffordert, ist keine. Die Satire beißt, lacht, pfeift und trommelt die große, bunte Landsknechtstrommel gegen alles, was stockt und träge ist. Satire ist eine durchaus positive Sache. Nirgends verrät sich der Charakterlose schneller als hier, nirgends zeigt sich fixer, was ein gewissenloser Hanswurst ist, einer, der heute den angreift und morgen den.
Der Satiriker ist ein gekränkter Idealist: er will die Welt gut haben, sie ist schlecht, und nun rennt er gegen das Schlechte an.
Die Satire eines charaktervollen Künstlers, der um des Guten willen kämpft, verdient also nicht diese bürgerliche Nichtachtung und das empörte Fauchen, mit dem hierzulande diese Kunst abgetan wird.
Vor allem macht der Deutsche einen Fehler: er verwechselt das Dargestellte mit dem Darstellenden. Wenn ich die Folgen der Trunksucht aufzeigen will, also dieses Laster bekämpfe, so kann ich das nicht mit frommen Bibelsprüchen, sondern ich werde es am wirksamsten durch die packende Darstellung eines Mannes tun, der hoffnungslos betrunken ist. Ich hebe den Vorhang auf, der schonend über die Fäulnis gebreitet war, und sage: »Seht!« – In Deutschland nennt man dergleichen ›Kraßheit‹. Aber Trunksucht ist ein böses Ding, sie schädigt das Volk, und nur schonungslose Wahrheit kann da helfen. Und so ist das damals mit dem Weberelend gewesen, und mit der Prostitution ist es noch heute so.
Der Einfluß Krähwinkels hat die deutsche Satire in ihren so dürftigen Grenzen gehalten. Große Themen scheiden nahezu völlig aus. Der einzige ›Simpli-

---
118 GW3, Nr.12, S.30ff., zit.: WdS S. …

cissimus‹ hat damals, als er noch die große, rote Bulldogge rechtens im Wappen führte, an all die deutschen Heiligtümer zu rühren gewagt: an den prügelnden Unteroffizier, an den stockfleckigen Bürokraten, an den Rohrstockpauker und an das Straßenmädchen, an den fettherzigen Unternehmer und an den näselnden Offizier. Nun kann man gewiß über all diese Themen denken wie man mag, und es ist jedem unbenommen, einen Angriff für ungerechtfertigt und einen anderen für übertrieben zu halten, aber die Berechtigung eines ehrlichen Mannes, die Zeit zu peitschen, darf nicht mit dicken Worten zunichte gemacht werden.

Übertreibt die Satire? Die Satire muß übertreiben und ist ihrem tiefsten Wesen nach ungerecht. Sie bläst die Wahrheit auf, damit sie deutlicher wird, und sie kann gar nicht anders arbeiten als nach dem Bibelwort: Es leiden die Gerechten mit den Ungerechten.

Aber nun sitzt zutiefst im Deutschen die leidige Angewohnheit, nicht in Individuen, sondern in Ständen, in Korporationen zu denken und aufzutreten, und wehe, wenn du einer dieser zu nahe trittst. Warum sind unsere Witzblätter, unsere Lustspiele, unsere Komödien und unsere Filme so mager? Weil keiner wagt, dem dicken Kraken an den Leib zu gehen, der das ganze Land bedrückt und dahockt: fett, faul und lebenstötend.

Nicht einmal dem Landesfeind gegenüber hat sich die deutsche Satire herausgetraut. Wir sollten gewiß nicht den scheußlichen unter den französischen Kriegskarikaturen nacheifern, aber welche Kraft lag in denen, welch elementare Wut, welcher Wurf und welche Wirkung! Freilich: sie scheuten vor gar nichts zurück. Daneben hingen unsere bescheidenen Rechentafeln über U-Boot-Zahlen, taten niemandem etwas zuleide und wurden von keinem Menschen gelesen.

Wir sollten nicht so kleinlich sein. Wir alle – Volksschullehrer und Kaufleute und Professoren und Redakteure und Musiker und Ärzte und Beamte und Frauen und Volksbeauftragte – wir alle haben Fehler und komische Seiten und kleine und große Schwächen. Und wir müssen nun nicht immer gleich aufbegehren (›Schlächtermeister, wahret eure heiligsten Güter!‹), wenn einer wirklich einmal einen guten Witz über uns reißt. Boshaft kann er sein, aber ehrlich soll er sein. Das ist kein rechter Mann und kein rechter Stand, der nicht einen ordentlichen Puff vertragen kann. Er mag sich mit denselben Mitteln dagegen wehren, er mag widerschlagen – aber er wende nicht verletzt, empört, gekränkt das Haupt. Es

wehte bei uns im öffentlichen Leben ein reinerer Wind, wenn nicht alle übel nähmen.
So aber schwillt ständischer Dünkel zum Größenwahn an. Der deutsche Satiriker tanzt zwischen Berufsständen, Klassen, Konfessionen und Lokaleinrichtungen einen ständigen Eiertanz. Das ist gewiß recht graziös, aber auf die Dauer etwas ermüdend. Die echte Satire ist blutreinigend: und wer gesundes Blut hat, der hat auch einen reinen Teint.
Was darf die Satire?
Alles.

Kurt Tucholsky
Wir Negativen (1919)[119]

Wie ist er hier so sanft und zärtlich! Wohlseyn will er, und ruhigen Genuß und sanfte Freuden, für sich, für andere. Es ist das Thema des Anakreon. So lockt und schmeichelt er sich selbst ins Leben hinein. Ist er aber darin, dann zieht die Qual das Verbrechen und das Verbrechen die Qual herbei: Greuel und Verwüstung füllen den Schauplatz. Es ist das Thema des Aischylos.

Schopenhauer

Es wird uns Mitarbeitern der ›Weltbühne‹ der Vorwurf gemacht, wir sagten zu allem Nein und seien nicht positiv genug. Wir lehnten ab und kritisierten nur und beschmutzten gar das eigene deutsche Nest. Und bekämpften – und das sei das Schlimmste – Haß mit Haß, Gewalt mit Gewalt, Faust mit Faust.
Es sind eigentlich immer dieselben Leute, die in diesem Blatt zu Worte kommen, und es mag einmal gesagt werden, wie sehr wir alle innerlich zusammenstimmen, obwohl wir uns kaum kennen. Es existieren Nummern dieser Zeitschrift, die in einer langen Redaktionssitzung entstanden zu sein scheinen, und doch hat der Herausgeber mutterseelenallein gewaltet. Es scheint mir also der Vorwurf, wir seien negativ, geistig unabhängige und

---

[119] GW3, Nr.32, S.73ff. zit.:WN, S. …

von einander nicht beeinflußte Männer zu treffen. Aber sind wirs? Sind wirs denn wirklich?
Ich will einmal die Schubladen unsres deutschen Schrankes aufmachen und sehen, was darinnen liegt.
Die Revolution. Wenn Revolution nur Zusammenbruch bedeutet, dann war es eine; aber man darf nicht erwarten, dass die Trümmer anders aussehen als das alte Gebäude. Wir haben Mißerfolg gehabt und Hunger, und die Verantwortlichen sind davongelaufen. Und da stand das Volk: die alten Fahnen hatten sie ihm heruntergerissen, aber es hatte keine neue.
Der Bürger. Das ist – wie oft wurde das mißverstanden! – eine geistige Klassifizierung, man ist Bürger durch Anlage, nicht durch Geburt und am allerwenigsten durch Beruf. Dieses deutsche Bürgertum ist ganz und gar antidemokratisch, dergleichen gibt es wohl kaum in einem andern Lande, und das ist der Kernpunkt alles Elends. Es ist ja nicht wahr, dass sie
in der Zeit vor dem Kriege unterdrückt worden sind, es war ihnen tiefstes Bedürfnis, emporzublicken, mit treuen Hundeaugen, sich zurechtstoßen zu lassen und die starke Hand des göttlichen Vormunds zu fühlen! Heute ist er nicht mehr da, und fröstelnd vermissen sie etwas. Die Zensur ist in Fortfall gekommen, brav beten sie die alten Sprüchlein weiter, ängstlich plappernd, als ob nichts geschehen sei. Sie kennen zwischen patriarchalischer Herrschaft und einem ins Räuberhafte entarteten Bolschewismus keine Mitte, denn sie sind unfrei. Sie nehmen alles hin, wenn man sie nur verdienen läßt. Und dazu sollen wir Ja sagen?
Der Offizier. Wir haben hier nachgewiesen, warum und inwiefern der deutsche Offizier im Kriege versagt hat, und was er an seinen Leuten gesündigt. Es geht ja nicht um den Stand – Angriffe gegen eine Kollektivität sind immer ungerecht –: es geht um den schlechten Geist, der den Stand beseelte und der sich tief in das Bürgertum hineingefressen hatte. Der Leutnant und seine – sagen wir immerhin: Geistigkeit war ein deutsches Ideal, und der Reserve-Offizier brauchte keine lange Zeit, in die Uniform hineinzuwachsen. Es war die infernalische Lust, den Nebenmenschen ungestraft zu treten, es war die deutsche Lust, im Dienst mehr zu scheinen, als man im Privatleben ist, das Vergnügen, sich vor seiner Frau, vor seiner Geliebten aufzuspielen, und unten krümmte sich ein Mensch. Eine gewisse Pflichterfüllung des Offiziers (und sein Geist saß auch in vielen untern

Chargen) soll nicht geleugnet werden, aber sie geschah oft nur auf der Basis der Übersättigung und der übelsten Raffgier. Die jungen Herren, denen ich im Kriege hinter die Karten gucken konnte, machten keinen hervorragenden Eindruck. Aber es geht ja nicht um die einzelnen, und wie soll je eine Besserung kommen, wenn wir es jetzt nicht sagen! Jetzt, denn später hat es keinen Sinn mehr; jetzt, denn später, wenn das neue Heer aufgebaut ist, wäre es überflüssig, noch einmal die Sünden des alten Regimes aufzublättern. Und es muß den Deutschen eingehämmert werden, dass das niemals wiederkommen darf, und es muß allen gesagt werden, denn es waren ja nicht die Sünden gewisser reaktionärer Kreise, sondern alle, alle taten mit! Das Soldatenelend – und mit ihm das Elend aller ›Untergebenen‹ in Deutschland – war keine Angelegenheit der politischen Überzeugung: es war eine der mangelnden Kultur. Die übelsten Instinkte wurden in entfesselten Bürgern wachgerufen, gab ihnen der Staat die Machtfülle eines ›Vorgesetzten‹ in die Hand. Sie hat ihnen nicht gebührt. Und dazu sollen wir Ja sagen?
Der Beamte. Was haltet ihr von einer Verwaltung, bei der der Angestellte wichtiger ist als die Maßnahmen, und die Maßnahme wichtiger als die Sache? Wie knarrte der Apparat und machte sich imponierend breit! Was war das für ein Gespreize mit den Ämtern und den Ämtchen! Welche Wonne, wenn einer verfügen konnte! Von allen andern Dienststellen – und es gab ja so viele – wurde er unterdrückt: jetzt durfte er auch einmal! Und die Sache selbst ersoff in Verordnungen und Erlassen, die kleinen Kabalen und Reibereien in den Ämtern füllten Menschenleben aus, und der Steuerzahler war wehrlos gegen sein eigenes Werk. Und dazu sollen wir Ja sagen?
Der Politiker. Politik kann man in diesem Lande definieren als die Durchsetzung wirtschaftlicher Zwecke mit Hilfe der Gesetzgebung. Die Politik war bei uns eine Sache des Sitzfleisches, nicht des Geistes. Sie wurde in Bezirksvereinen abgehaspelt und durchgehechelt, und gegen den Arbeiter standen alle andern zusammen. Vergessen war der Geist, auf dessen Grundlage man zu Vorschlägen und Gesetzen kam, vergessen die Gesinnung, die, Antrieb und Motiv in einem, erst verständlich und erklärbar mach-te, was man wollte. Der Diplomat alter Schule hatte abgewirtschaftet, »er besitzt keinen modernen Geist«, sagten die Leute; nun sollte der Kaufmann an seine Stelle treten. Aber der besitzt ihn auch nicht. Eine wilde Überschätzung des Wirtschaftlichen hob an. Feudale und Händler raufen

sich um den Einfluß im Staat, der in Wirklichkeit ihnen beiden unter der Führung der Geistigen zukommen sollte. Und dazu sollen wir Ja sagen?
Daß der Bürger zetert, dem anständige Politik nichts ist als Geschäftsstörung, nimmt uns nicht wunder. Daß Geistige gegen uns eifern, schon mehr. Wozu führen denn letzten Endes die Erkenntnisse des Geistes, wenn man nicht ein Mal von den Höhen der Weisheit herunterklettert, ihre Ergebnisse auf das tägliche Leben anwendet und das zu formen versucht nach ihrem Ebenbilde? Nichts ist bei uns peinlicher und verhaßter als konkret gewordene Geistigkeit. Alles darfst du: die gefährlichsten Forderungen aufstellen, in abstracto, Bücherrevolutionen machen, den lieben Gott absetzen – aber die Steuergesetzgebung, die machen sie doch lieber allein. Sie haben eine unendlich feine Witterung und den zuverlässigsten Instinkt gegen alles, was ihre trübe Geschäftigkeit stören kann, ihr Mißtrauen ist unsäglich, ihre Abneigung unüberwindbar. Sie riechen förmlich, ob sich deine Liebe und dein Haß mit ihrem Kolonialwarenladen verträgt, und tun sies nicht: dann gnade dir Gott!
Hier steht Wille gegen Willen. Kein Resultat, kein Ziel auf dieser Erde wird nach dem logisch geführten Beweis ex argumentis gewonnen. Überall steht das Ziel, gefühlsmäßig geliebt, vorher fest, die Argumente folgen, als Entschuldigung für den Geist, als Gesellschaftsspiel für den Intellekt. Noch niemals hat einer den andern mit Gründen überzeugt. Hier steht Wille gegen Willen: wir sind uns über die Ziele mit allen anständig Gesinnten einig – ich glaube, was an uns bekämpft wird, ist nicht der Kampf: es ist die Taktik.
Aber wie sollen wir gegen kurzstirnige Tölpel und eisenharte Bauernknechte anders aufkommen als mit Knüppeln? Das ist seit Jahrhunderten das große Elend und der Jammer dieses Landes gewesen: dass man vermeint hat, der eindeutigen Kraft mit der bohrenden Geistigkeit beikommen zu können. Wenn wir andern – die wir hinter die Dinge gesehen haben, die wir glauben, dass die Welt, so wie sie ist, nicht das letzte Ziel für Menschen sein kann – keinen Exekutor unsrer geistigen Gesinnung haben, so sind wir verdammt, ewig und auch fürderhin unter Fleischergesellen zu leben, und uns bleiben die Bücher und die Tinte und das Papier, worauf wir uns ergehen dürfen. Das ist so unendlich unfruchtbar, zu glauben, man könne die negative Tätigkeit des Niederreißens entbehren, wenn man aufbauen will. Seien wir konkret. Eine Naumannsche Rede in Weimar

verpflichtet zu gar nichts: der Beschluß irgendeines Gemeindekollegiums zeigt uns den Bürger in seiner Nacktheit.
Der unbedingten Solidarität aller Geldverdiener muß die ebenso unbedingte Solidarität der Geistigen gegenüberstehen. Es geht nicht an, dass man feixenden Bürgern das Schauspiel eines Kampfes liefert, aus dem sie nur und ausschließlich heraushören: dürfen wir weiter schachern, oder dürfen wir es nicht? Dürfen wir weiter in Cliquen und Klüngeln schieben, oder dürfen wir es nicht? Nur das wird gehört, und keine metaphysische Wahrheit und kein kritizistischer Irrtum. Ist schon alles vergessen? Gleiten wir schon wieder in den behaglichen Trott hinüber, in dem Ruhe die erste und letzte Pflicht ist? Schon regt sich allerorten der fade Spruch: »Es wird nicht so schlimm gewesen sein.« – »Ihr Herr Gemahl ist an Lungenentzündung gestorben?« sagte jener Mann, »na, es wird nicht so schlimm gewesen sein!«
Es ist so schlimm gewesen. Und man mache ja nicht wieder den Versuch, zu behaupten, die ›Pionierarbeit des deutschen Kaufmanns‹ werde uns ›schon herausreißen‹! Wir sind in der ganzen Welt blamiert, weil wir unsre besten Kräfte tief im Land versteckt und unsre minderwertigen hinausgeschickt haben. Aber schon regen sich die Stimmen, die dem Deutschen einzureden versuchen, es werde, wenn er nur billige Ware liefere, sich alles einrenken lassen. Das wollen wir nicht! Wir wollen nicht mehr benutzt sein, weil unsre jungen Leute im Ausland alle andern unterboten haben, und weil man bei uns schuftete, aber nicht arbeitete. Wir wollen geachtet werden um unsrer selbst willen.
Und damit wir in der Welt geachtet werden, müssen wir zunächst zu Haus gründlich rein machen. Beschmutzen wir unser eigenes Nest? Aber einen Augiasstall kann man nicht beschmutzen, und es ist widersinnig, sich auf das zerfallene Dach einer alten Scheune zu stellen und da oben die Nationalhymne ertönen zu lassen.
Wir sollen positive Vorschläge machen. Aber alle positiven Vorschläge nützen nichts, wenn nicht die rechte Redlichkeit das Land durchzieht. Die Reformen, die wir meinen, sind nicht mit Vorschriften zu erfüllen, und auch nicht mit neuen Reichsämtern, von denen sich heute jeder für sein Fach das Heil erhofft. Wir glauben nicht, dass es genügt, eine große Kartothek und ein vielköpfiges Personal aufzubauen und damit sein Gebiet zu bearbeiten. Wir glauben, daß das Wesentliche auf der Welt hinter den Dingen sitzt, und dass eine anständige Gesinnung

mit jeder, auch mit der schlechtesten, Vorschrift fertig wird und sie gut handhabt. Ohne sie aber ist nichts getan.
Was wir brauchen, ist diese anständige Gesinnung.
Wir können noch nicht Ja sagen. Wir können nicht einen Sinn stärken, der über den Menschen die Menschlichkeit vergißt. Wir können nicht ein Volk darin bestärken, seine Pflicht nur dann zu tun, wenn jedem Arbeitenden ein Popanz von Ehre aufgebaut wird, der sachlicher Arbeit nur im Wege ist. Wir können nicht zu einem Volk Ja sagen, das, noch heute, in einer Verfassung ist, die, wäre der Krieg zufälligerweise glücklich ausgegangen, das Schlimmste hätte befürchten lassen. Wir können nicht zu einem Land Ja sagen, das von Kollektivitäten besessen ist, und dem die Korporation weit über dem Individuum steht. Kollektivitäten sind nur ein Hilfsmittel für die einzelnen. Wir können nicht Ja zu denen sagen, deren Früchte die junge Generation darstellt: ein laues und flaues Geschlecht, angesteckt von dem kindischen Machthunger nach innen und der Gleichgültigkeit nach außen, den Bars mehr zugetan als der Bravour, von unsäglicher Verachtung für allen Sturm und Drang, den man zur Zeit nicht mehr trägt, ohne Flam-me und ohne Schwung, ohne Haß und ohne Liebe. Wir sollen laufen, aber unsre Schenkel sind mit Schnüren gefesselt. Wir können noch nicht Ja sagen.
Leute, bar jedes Verständnisses für den Willen, der über die Tagesinteressen hinausheben will – man nennt das hierzulande: Realpolitiker – bekämpfen uns, weil wir im Kompromiß kein Heil sehen, weil wir in neuen Abzeichen und neuen Aktenstücken kein Heil sehen. Wir wissen wohl, dass man Ideale nicht verwirklichen kann, aber wir wissen auch, dass nichts auf der Welt ohne die Flamme des Ideals geschehen ist, geändert ist, gewirkt wurde. Und – das eben scheint unsern Gegnern eine Gefahr und ist auch eine – wir glauben nicht, dass die Flamme des Ideals nur dekorativ am Sternenhimmel zu leuchten hat, sondern sie muß hienieden brennen: brennen in den Kellerwinkeln, wo die Asseln hausen, und brennen auf den Palastdächern der Reichen, brennen in den Kirchen, wo man die alten Wunder rationalistisch verrät, und brennen bei den Wechslern, die aus ihrer Bude einen Tempel gemacht haben.
Wir können noch nicht Ja sagen. Wir wissen nur das eine: es soll mit eisernem Besen jetzt, grade jetzt und heute ausgekehrt werden, was in Deutschland faul und vom Übel war und ist. Wir kommen nicht damit weiter, dass wir den Kopf

in ein schwarz-weiß-rotes Tuch stecken und ängstlich flüstern: Später, mein Bester, später! nur jetzt kein Aufsehen!
Jetzt.
Es ist lächerlich, einer jungen Bewegung von vier Monaten vorzuwerfen, sie habe nicht dasselbe Positive geleistet wie eine Tradition von dreihundert Jahren. Das wissen wir.
Wir stehen vor einem Deutschland voll unerhörter Korruption, voll Schiebern und Schleichern, voll dreimalhunderttausend Teufeln, von denen jeder das Recht in Anspruch nimmt, für seine schwarze Person von der Revolution unangetastet zu bleiben. Wir meinen aber ihn und grade ihn und nur ihn.
Und wir haben die Möglichkeit, zu wählen: bekämpfen wir ihn mit der Liebe, bekämpfen wir ihn mit Haß? Wir wollen kämpfen mit Haß aus Liebe. Mit Haß gegen jeden Burschen, der sich erkühnt hat, das Blut seiner Landsleute zu trinken, wie man Wein trinkt, um damit auf seine Gesundheit und die seiner Freunde anzustoßen. Mit Haß gegen einen Klüngel, dem übermäßig erraffter Besitz und das Elend der Heimarbeiter gottgewollt erscheint, der von erkauften Professoren beweisen läßt, dass dem so sein muß, und der auf gebeugten Rücken vegetierender Menschen freundliche Idyllen feiert. Wir kämpfen allerdings mit Haß. Aber wir kämpfen aus Liebe für die Unterdrückten, die nicht immer notwendigerweise Proletarier sein müssen, und wir lieben in den Menschen den Gedanken an die Menschheit.
Negativ? Viereinhalb Jahre haben wir das fürchterliche Ja gehört, das alles gut hieß, was frecher Dünkel auszuführen befahl. Wie war die Welt so lieblich! Wie klappte alles, wie waren alle d'accord, ein Herz und keine Seele, wie bewegte sich die künstlich hergerichtete Landschaft mit den uniformierten Puppen darin zum Preise unsrer Herren! Es war das Thema des Anakreon. Und mit donnerndem Krachen ist das zusammengebrochen, was man früher für eisern gehalten hatte, und was nicht einmal Gußeisen war, die Generale fangen an, sich zu rechtfertigen, obgleich sie es gar nicht nötig hätten, keiner will es gewesen sein, und die Revolutionäre, die zu spät kamen und zu früh gebremst wurden, werden beschuldigt, das Elend herbeigeführt zu haben, an dem doch Generationen gewirkt hatten. Negativ? Blut und Elend und Wunden und zertretenes Menschentum – es soll wenigstens nicht umsonst gewesen sein. Laßt uns auch weiterhin Nein sagen, wenn es not tut! Es ist das Thema des Aischylos.

Kurt Tucholsky
Politische Satire (1919)[120]

Paul: Wir haben ja das Lächeln, Frau Konik . . . das erlösende Lächeln.
Frau Konik: Man kann doch nicht über alles lächeln.
Paul und Konik (zugleich): Über alles! Über alles!
Frau Konik: Meint ihr nicht, daß das ein bißchen gefährlich ist . . . ?
Konik: Ja, . . . für die, denen es gilt!

Gustav Wied

Der echte Satiriker, dieser Mann, der keinen Spaß versteht, fühlt sich am wohlsten, wenn ihm ein Zensor nahm, zu sagen, was er leidet. Dann sagt ers doch, und wie er es sagt, ohne es zu sagen – das macht schon einen Hauptteil des Vergnügens aus, der von ihm ausstrahlt. Um dieses Reizes willen verzeiht man ihm vielleicht manches, und verzeiht ihm umso lieber, je ungefährlicher er ist, das heißt: je weiter die Erfüllung seiner Forderungen von der Wirklichkeit entfernt liegt.
Das war eine schöne Zeit, als der einzige ›Simplicissimus‹ – der alter Prägung – frech war, wie die Leute damals sagten. Die satirische Opposition lag im Hinterhalt, schoß ein Pfeilchen oder wohl auch einmal ein gutes Fuder Feldsteine aus dem Katapult ab, und wenn sich der Krämer in der Lederhose und der Ritter im starren Visier umsahen, weil sie einen wegbekommen hatten, gluckerte unterirdisches Gelächter durch den Busch: aber zu sehen war keiner.
Das ist vorbei. Die Satire ist heute – 1919 – gefährlich geworden, weil auf die spaßhaften Worte leicht ernste Taten folgen können, und dies umso eher, je volkstümlicher der Satiriker spricht.
Die Zensur ist in Deutschland tot – aber man merkt nichts davon. In den Varietés, auf den Vortragsbrettern der Vereine, in den Theatern, auf der Filmleinwand – wo ist die politische Satire? Noch ist der eingreifende Schutzmann eine Zwangsvorstellung, und daß ein kräftiges Wort und ein guter Witz gegen eine Regierungsmaßnahme aus Thaliens Munde dringt, da sei Gott vor! Denn noch wissen die Deutschen nicht, was das heißt: frei – und noch wissen sie nicht, daß ein gut gezielter Scherz

---

[120] GW3, Nr.198, S.326ff., zit.: PS, S. ...

ein besserer Blitzableiter für einen Volkszorn ist, als ein häßlicher Krawall, den man nicht dämmen kann. Sie verstehen keinen Spaß. Und sie verstehen keine Satire.
Aber kann der Satiriker denn nicht beruhigend wirken? Kann er denn nicht die ›Übelstände auf allen Seiten‹ geißeln, kann er denn nicht hinwiederum ›das Gute durch Zuspruch fördern‹ – mit einem Wort: kann er nicht positiv sein? Und wenn einer mit Engelszungen predigte und hätte des Hasses nicht –: er wäre kein Satiriker.
Politische Satire steht immer in der Opposition. Es ist das der Grund,[171] weshalb es bis auf den heutigen Tag kein konservatives Witzblatt von Rang gibt und kein regierungstreues. Nicht etwa, weil die Herren keinen Humor hätten oder keinen Witz. Den hat keine Klasse gepachtet. Aber die kann ihn am wenigsten haben, die auf die Erhaltung des Bestehenden aus ist, die die Autorität und den Respekt mit hehrem Räuspern und hochgezogenen Augenbrauen zu schützen bestrebt ist. Der politische Witz ist ein respektloser Lausejunge.
Es gibt ja nun Satiriker so großen Formats, daß sie ihren Gegner überdauern, ja, der Gegner lebt nur noch, weil der Satiriker lebt. Ich werde nur das Mißtrauen nicht los, daß man den Ehrentitel ›großer Satiriker‹ erst dann verleiht, wenn der Mann nicht mehr gefährlich, wenn er tot ist.
Der gestorbene Satiriker hats gut. Denn nichts ist für den Leser süßer als das erbauliche Gefühl der eigenen Überlegenheit, vermischt mit dem amüsanten Bewußtsein, wie gar so dumm der Spießer von anno tuback war. Nun gehört aber zur Masse immer einer mehr, als jeder glaubt – und die Angelegenheit wird gleich weniger witzig, wenns um das Heute geht. Dem Kampf Heines mit den zweiunddreißig Monarchien sieht man schadenfroh und äußerst vergnügt zu – bei Liebknecht wird die Sache gleich ganz anders.
»Ja«, sagt Herr Müller, »das ist auch ganz was anders!« Ja, Bauer, das ist ganz was anders – und weils was anders ist, weil der Kampf gegen die Lebenden von Leidenschaften durchschüttelt ist, und weil die nahe Distanz das Auge trübt, und weil es überhaupt für den Kämpfer nicht darauf ankommt, Distanz zu halten, sondern zu kämpfen – deshalb ist der Satiriker ungerecht. Er kann nicht wägen – er muß schlagen. Und verallgemeinert und malt Fratzen an die Wand und sagt einem ganzen Stand die Sünden einzelner nach, weil sie typisch sind, und übertreibt und verkleinert – –

Und trifft, wenn er ein Kerl ist, zutiefst und zuletzt doch das Wahre und ist der Gerechtesten einer.
Jedes Ding hat zwei Seiten – der Satiriker sieht nur eine und will nur eine sehen. Er beschützt die Edlen mit Keulenschlägen und mit dem Pfeil, dem Bogen. Er ist der Landsknecht des Geistes.
Seine Stellung ist vorgeschrieben: er kann nicht anders, Gott helfe ihm. Amen. Er und wir, die nie Zufriedenen, stehen da, wo die Männer stehen, die die Waffen gegen die Waffen erheben, stehen da, wo der Staat ein Moloch geheißen wird und die Priesterreligion ein Reif um die Stirnen. Und sind doch ordnungsliebender und frömmer als unsre Feinde, wollen aber, daß die Menschen glücklich sind – um ihrer selbst willen.
Ein Büchlein, zu dem dies hier die Vorrede ist, das ›Fromme Gesänge‹ heißt und von Theobald Tiger stammt (und das im Verlag Felix Lehmann[172] zu Charlottenburg erscheint), gibt eine Reisebeschreibung der Route 1913–1919.
Was der Wochenbetrachter der ›Weltbühne‹ in diesen Jahren besungen hat, wurde einer Durchsicht unterzogen; bei der Sichtung entfernte ich, was für den Tag geschrieben wurde und mit ihm vergangen ist. Weil es aber das Bestreben der ›Weltbühne‹ ist, zwar für den Tag zu wirken, aber doch auch über ihn hinaus, so blieb eine ganze Reihe, vermehrt um anderswo erschienene Gedichte sowie um manche noch unveröffentlichte.
Im Grünen fings an und endete blutigrot. Und wenn sich der Verfasser mit offenen Armen in die Zeit gestürzt hat, so sah er nicht, wie der Historiker in hundert Jahren sehen wird, und wollte auch nicht so sehen. Er war den Dingen so nahe, daß sie ihn schnitten und er sie schlagen konnte. Und sie rissen ihm die Hände auf, und er blutete, und einige sprachen zu ihm: »Bist du gerecht?« Und er hob die blutigen Hände – blutig von seinem Blute – und zuckte die Achseln und lächelte. Denn man kann über alles lächeln . . .
Und daß inmitten dem Kampfeslärm und dem Wogen der Schlacht auch ein kleines Gras- und Rasenstück grünt, auf dem ein blaues Blümchen, ebenso sentimental wie ironisch, zart erblüht – das möge den geneigten Leser mit dem grimmigen Katerschnurrbart und dem zornig wedelnden Schweif des obgenannten Tigers freundlich versöhnen.

Tucholskys Texte zur Satire reflektieren und rechtfertigen sein gesellschaftskritisches und agitatorisches Engagement 1919 in der Zeit nach dem I. Weltkrieg und sind maßgebend für seine Artikel in der Weltbühne bis zur Zeit der Machergreifung Hitlers bzw. zum Verstummen des Autors 1932. Sie spitzen das Thema selbst satirisch zu und kennzeichnen seine Wertgrundsätze und seine humanistische Lebensorientierung:

Was wir brauchen, ist diese anständige Gesinnung. Wir können noch nicht Ja sagen. Wir können nicht einen Sinn stärken, der über den Menschen die Menschlichkeit vergißt. [...] Wir wollen kämpfen mit Haß aus Liebe. [...] Wir kämpfen allerdings mit Haß. Aber wir kämpfen aus Liebe für die Unterdrückten, die nicht immer notwendigerweise Proletarier sein müssen, und wir lieben in den Menschen den Gedanken an die Menschheit.[121]

Diese humanitäre, für Menschenrechte engagierte Einstellung legitimiert den „negativen" Blick des Satirikers, der provoziert um aufzuklären. Dieses idealistische Selbstverständnis gilt für einen Satiriker prinzipiell trotz aller seiner gesellschaftlichen und persönlichen Widersprüche in seinem Leben. Auch Tucholskys Selbstverständnis ist eng verknüpft mit diesem Rollenverständnis als Satiriker. Tucholskys Leben könnte definiert werden als: »Ein Leben in und mit Widersprüchen«. Der Satiriker bezieht sich auf die Widersprüche des Lebens und verpflichtet sich zum Widerspruch aufgrund dieser Widersprüche. Er kämpft für ein Denken in Widersprüchen, weil er die Aufhebung der Widersprüche anstrebt. Die Dialektik liegt darin, dass zwischen Widerspruch (Satire) und Widersprüchen (Leben) ein notwendiger Zusammenhang besteht.

---

121   WN, S.79f. Das moralische Paradoxon, der satirisch ausgefochtene Kampf aus *Hass und Liebe*, findet bei Tucholsky auch auf sein Verhältnis zu Deutschland Anwendung. Tucholsky begründet diese Polarität mit der faschistischen Unterwanderung und akuten nationalsozialistischen Bedrohung und Kriegsrüstung, die Tucholsky in seinem Satirebuch brandmarkt, karikierend entlarvt: *Deutschland, Deutschland über alles. Ein Bilderbuch von Kurt Tucholsky und vielen Fotografen. Montiert von John Hartfield, Reinbek bei Hamburg: Rowohlt 1929* . GW12 (Faksimiledruck). Wir zitieren aus dem Grundsatzessay *Heimat*, GW12, S.226ff. Diese satirische Attacke wurde von den Nazis hasserfüllt bekämpft. Vgl. den Artikel von Dieter Mayer: Aktiver Pazifismus. Kurt Tucholskys „Deutschland, Deutschland über alles" (1929), in: Ders.: *Kurt Tucholsky, Joseph Roth, Walter Mehring. Beiträge zu Politik und Kultur zwischen den Weltkriegen*. Frankfurt am Main: Peter Lang 2010, S.223ff.; Karl Riha: Kurt Tucholsky. Zur *Methodik und Gegenstandsbreite seiner Kritik*. In: Ders.: Kritik, Satire, Parodie. Opladen: Westdeutscher Verlag 1992, S.195ff.

Eine solche Widerspruchsstrategie vermittelt Tucholskys Satire

An die Bonzen (1923)[122]

Einmal waren wir beide gleich:
Beide Proleten im deutschen Kaiserreich.
Beide in derselben Luft,
beide in gleicher verschwitzter Kluft –
dieselbe Werkstatt - derselbe Lohn –
derselbe Meister – dieselbe Fron -
Beide dasselbe elende Küchenloch ...
  Genosse, erinnerst du dich noch?

Aber du, Genosse, warst flinker als ich.
Dich drehen – das konntest du meisterlich.
Wir mußten leiden, ohne zu klagen,
aber du – du konntest es sagen.
Kanntest die Bücher und Broschüren,
wußtest besser die Feder zu führen.
Treue um Treue – wir glaubten dir doch!
  Genosse, erinnerst du dich noch?

Aber heute ist Alles vergangen.
Man konnte nur durchs Vorzimmer zu dir gelangen.
Du rauchst nach Tisch die dicken Zigarren,
du lachst über Straßenhetzer und Narren.
Weißt nichts mehr von alten Kameraden,
wirst aber überall eingeladen.
Du zuckst die Achseln beim Hennessy
und vertrittst die deutsche Sozialdemokratie.
Du hast mit der Welt deinen Frieden gemacht.

---

122 GW6, Nr.38, S.93

*Hörst du nicht manchmal in dunkler Nacht
eine leise Stimme, die mahnend spricht:
«Genosse, schämst du dich nicht -?»*

Das Bekenntnis zu einem humanistischen und solidarischen Menschenbild und die Orientierung an einer demokratischen Gesellschaftsutopie verlangen von einem Satiriker eine ebenso radikale Kritik an der Wirklichkeit, die die Verletzung von Menschenrechten und Grundfreiheiten aufdeckt und anprangert und durch die provozierende Darstellungsweise intellektuelle und politische Unruhe anstrebt. *Politische Satire steht immer in der Opposition [...] und sagt einem ganzen Stand die Sünden nach, weil sie typisch sind."* [123] Die prinzipielle Gegnerschaft gilt nicht nur den Previligierten der Machtkorruption, sondern gerade auch den widerstandslosen Wegschauern bzw. den tollerierenden Ja-Sagern. Entlarven und so den konsequenten Kampf der Aufklärung führen, der Wahrheit Bahn brechen, indem das Zweifelhafte und Bezweifeln, das Fragliche und Fragwürdige sichtbar werden und zur Sprache kommen. Dies geschieht unter der Gefahr einer als ungerecht empfundenen Übertreibung oder Zuspitzung des Missstandes.
Der Satiriker *trifft, wenn er ein Kerl ist, zutiefst und doch zuletzt das Wahre und ist der Gerechtesten einer. Jedes Ding hat zwei Seiten - der Satiriker sieht nur eine und will nur eine sehen.*[124]

Ihre Überzeugungsstärke und Gefährlichkeit gewinnt die Satire bei Tucholsky auch durch die demaskierende Perspektive von „unten". Die Satire greift in der Regel aus der Realitätssicht der Opfer an, des verführten Mitmachers bzw. des naiven Biedermannes, bei dem sie psychologisch wirken soll, um dadurch für die Täter gefährlich zu werden. *Die Satire ist heute - 1919 - gefährlich geworden, weil auf die spaßhaften Worte leicht ernste Taten folgen können, und dies umso eher, je volkstümlicher der Satiriker spricht.*[125]

---

123 PS, S. 327
124 PS, S.328
125 PS, S.327

Politische Satire ist aufgrund ihrer Bestimmung parteilich und daher angreifbar, streitbar und daher bestreitbar, prinzipiell und daher kompromisslos, engagiert und daher kämpferisch, aber vom Grundsatz her nie menschenverachtend und menschenrechtsverletzend. Der Satiriker legitimiert seine aggressive und verletzende Kritik durch seinen Anspruch auf Wahrheit und Integrität. *Boshaft kann er sein, aber ehrlich soll er sein*[126]. Auf dem Hintergrund dieser Gesinnungsethik gründet der Satiriker seinen idealistischen Standpunkt. Mit dieser die Unverträglichkeiten zwischen Utopie und Wirklichkeit entlarvenden Brille werden Diskrepanzen, Scheinheiligkeiten, Inkonsequenzen, Verlogenheiten, Abhängigkeiten, Gewalttätigkeiten, Machtmissbrauch, Gewissenlosigkeit diskriminiert und polemisch wie humoristisch bloßgestellt, der ganze „bunte Teller" menschlichen, allzu menschlichen Verhaltens, die tabuisierte, entfremdete Lebensrealität und das sie prägende Lebensbewusstsein.

Die der Satire innewohnende Skepsis irritiert, weil ihre Botschaft ideologische und pragmatische Abstinenz zeigt, keine heilenden bzw. versöhnenden Handlungsrezepte vermittelt. Dieser satirische Vorbehalt gegenüber dem Prinzip des Einverständnisses beinhaltet nicht, wie Kritiker dem politischen Satiriker gerne anlasten, moralische oder politische Unverbindlichkeit, auch keine destruktive Lebenseinstellung oder gar hochmütige Menschenverachtung.

Dieses Missverständnis bzw. dieser Vorwurf leitet sich besonders bei den *Deutschen*, wie Tucholsky polemisch betont, aus der Unfähigkeit ab, das *Dargestellte* vom *Darstellenden*[127] zu unterscheiden.

Der Satiriker will die Wirklichkeit so darstellen, wie sie ist, aber in der Weise, dass sie so gesehen werden muss, wie sie sein sollte. Er ist *ein gekränkter Idealist: er will die Welt gut haben, sie ist schlecht, und nun rennt er gegen das Schlechte an*[128]. Die negative Bilanz haben nicht die Satiriker zu verantworten, sondern die Gebrandmarkten, denen die satirische Attacke gilt. Der Täter darf nicht mit dem Aufklärer, der Anklagegegenstand nicht mit der Anklageschrift verwechselt werden.

---

126 WdS, S.32
127 Ebenda S.31
128 Ebenda S.30

Der Vorwurf des Destruktiven trifft die kritisierte Wirklichkeit[129], aber nicht den engagierten Kritiker. Die Polemik gegen die anklägerischen und protestierenden „Neinsager" kann daher deren radikales Wahrheits- und Gerechtigkeitsdenken nicht erschüttern.

In einem Gastbeitrag in der *Frankfurter Rundschau* vom 26. Februar 2015 zur Satirediskussion um *Charlie Hepdo* und die Islamkarikaturen im Zusammenhang mit dem IS-Terrorismus suggeriert die Über- und Unterschrift das falsche Verständnis von Satire in Anspielung auf das Tucholsky-Zitat:
»Satire darf alles! Oder doch nicht?
Unsere Gesellschaft muss Normen für den satirischen Umgang mit dem Islam ausloten – und zwar mit den Muslimen«.[130]
Der *satirische Umgang* steht also auf dem Prüfstand und wird gleichgesetzt mit dem politisch-moralischen Diskurs über die satirisch gebrandmarkten terroristischen Vorgänge. Es müssen keine Normen für den satirischen Umgang ausgelotet werden, sondern es müssen Normen für eine gemeinsame Gesprächskultur ausgelotet werden und zwar zwischen den Kritikern der verbrecherisch im Namen des Islam begangenen Verbrechen und den Vertretern der legitimen Sprecher des Islam, den Muslimen, Normen die einen vernunft- und werteorientierten Dialog ermöglichen. Die Satire muss mit der ihr gebotenen Schärfe auf den Terror aufmerksam machen und das gesellschaftliche Bewusstsein gegenüber mörderischem Kampf wach halten, solange dieser Terror anhält und ein *»Rassismus und Sexismus«* unsere politische Wirklichkeit beeinflusst. Menschenrechtsverletzungen können keiner ideologischen, politischen oder religiösen Rechtfertigung dienen und müssen deshalb mit aller Schärfe der Kritik angeprangert werden. Nicht *»Normen von Anstand und Kritik«*[131] der freien Meinungsäußerung stehen zur Diskussion, sondern Normen des politischen Urteilens und Handelns sind notwendig, die für ein gemeinsames Wertebewusstsein und politische Gegenwehr mit allen Betroffenen ausgehandelt werden müssen.

---

129 Vgl. die prototypische Kritik Tucholskys an den *Bürgern, Offizieren, Beamten, Politikern* in *Wir Negativen*
130 Frankfurter Rundschau 71Jhg., Nr.48 vom 26.2.2015, der Gastbeitrag von Rana Islam und Katharina Pfannkuch
131 Zitate aus dem Artikel der FR ebenda

GASTBEITRAG
Satire darf alles! Oder doch nicht?

Unsere Gesellschaft muss Normen für den satirischen Umgang mit dem Islam ausloten – und zwar mit den Muslimen.

Von Rana Islam und Katharina Pfannkuch

Das Verhältnis zwischen Meinungsfreiheit und Respekt vor religiösen Gefühlen ist mehr denn je Gegenstand hitziger Diskussionen, die immer wieder um eine Frage kreisen: Darf Satire alles? Wer sie verneint und Rücksicht auf religiöse Gefühle fordert, erntet den Vorwurf, nicht nur Satire, sondern auch der Meinungsfreiheit Grenzen setzen zu wollen. Deren Verteidiger plädieren hingegen dafür, religiöse Befindlichkeiten hintanzustellen. Die Meinungsfreiheit sei schließlich eine der wichtigsten Errungenschaften der Demokratie.

Die vermeintliche Eindeutigkeit dieser Positionen verschleiert einen entscheidenden Aspekt: Die Frage ist falsch gestellt. Denn sie impliziert eine legalistische Dimension, die es nicht geben kann und darf. Einschränkungen des Grundgesetzes oder Zensur wären falsche Signale, insbesondere an die Opfer religiösen Fanatismus. Falsch wäre es aber auch, der muslimischen Bevölkerung Deutschlands abzusprechen, genauso vielfältige Meinungen zu haben wie die Mehrheitsgesellschaft. Meinungsfreiheit bedeutet immer auch Meinungspluralismus. Reagieren Muslime aber nicht gelassen genug auf Witze über ihre Religion, heißt es, sie sollten sich nicht so anstellen. Die Kirche werde doch auch karikiert.

Gerade beim Satire-Objekt Kirche werden jedoch immer wieder Grenzen gezogen: Der WDR sah erst 2014 von der Veröffentlichung eines kirchenkritischen Videos der Komikerin Caroline Kebekus ab – der Sturm der Empörung blieb aus. Kritisieren Muslime aber Satire über ihre Religion, ist der Aufschrei stets groß.

Religion fristet in weiten Teilen der Bevölkerung zwar zunehmend ein Nischendasein. Doch gesellschaftliches Zusammenleben erfordert immer auch die Auseinandersetzung mit divergierenden Ansichten. Das Beharren auf der Rechtsgültigkeit der Verfassung befreit nicht von der Verantwortung, nach Kompromissen zu streben. Die Frage, ob Satire alles dürfe, bringt uns diesen Kompromissen nicht näher. Ein Grundsatz bringt Licht ins Dunkel: Rechte bedingen auch Pflichten. Wer das Recht auf freie Meinungsäußerung für sich beansprucht, hat die Pflicht, sich dieses Rechtes auf verantwortungsvolle Weise zu bedienen. Jenseits der legalistischen Auffassung des „Dürfens" sollten wir uns daher die Frage der Angemessenheit stellen.

2014 erschien in der FAZ eine Karikatur zum Thema Ärztemangel. Ein Schwarzer mit Maske und Lendenschurz tanzt um ein Feuer. „Praxis Dr. Mbongo. Viele Heilung. Alle Kasse" steht auf einem Schild, in der Bildunterschrift heißt es: „Deutschland profitiert von eingewanderten Fachkräften." Die massive öffentliche Kritik an der rassistisch-stereotypen Darstellung verdeutlicht: Nur was rechtlich erlaubt ist, wird es nicht automatisch als angemessen wahrgenommen.

Die Frage der Angemessenheit unterliegt einem kontinuierlichen Wandel und zeigte sich etwa in der Dirndl-Causa des ehemaligen Wirtschaftsministers Rainer Brüderle, die in die „Aufschrei-Debatte" mündete. Auch hier mahnten einige, die Betroffenen mögen sich doch bitte nicht so anstellen. Doch die lautstarke Gegenposition setzte neue Maßstäbe für das Verhältnis zwischen Mann und Frau im dienstlichen Kontext.

Rassistische oder sexistische Karikaturen sind oft durch das Recht auf freie Meinungsäußerung gedeckt – und widersprechen doch unseren gesellschaftlich ausgehandelten Normen von Anstand und Respekt. Ein Ausloten solcher Normen für den Umgang mit Muslimen ist dringend überfällig, wird aber oft ausgebremst. Da ist schnell die Rede von „unserer" Meinungsfreiheit, die wir uns „von denen" ganz bestimmt nicht nehmen lassen. Diese Reaktion hat nur einen Denkfehler: „Die" gehören längst zu „uns".

Muslime haben wie jede Bevölkerungsgruppe das Recht und die Pflicht, gesellschaftliche Normen mitzugestalten. Der eine Muslim schmunzelt über Mohammed-Karikaturen, der andere nicht. Genauso, wie der eine Katholik über eine Karikatur des Papstes in eingenässter Soutane lächelt, während der nächste schon einen wütenden Leserbrief schreibt. Eine Gesellschaft, die so viel Wert auf Meinungsfreiheit legt, muss all diese Reaktionen aushalten. Medien gestalten gesellschaftliche Diskurse maßgeblich mit.

Natürlich sollen auch in Zukunft Karikaturen über den Islam erscheinen – so wie über nahezu jeden anderen gesellschaftlichen Bereich auch. Der Medienschaffende, der der Versuchung einer provokanten, Aufmerksamkeit garantierenden Karikatur nicht widerstehen kann, sollte sich bei offensichtlichen Grenzüberschreitungen aber auch vernehmbar entschuldigen. Dies ist schließlich gegenüber anderen Bevölkerungsgruppen ebenfalls üblich.

Wann die Grenzen des Geschmacks erreicht sind, ist mitnichten eine politische Frage. Vielmehr ist die ganze Gesellschaft aufgerufen, sie zu beantworten. So, wie wir uns auf Gender- und Rassismus-Debatten einließen, kommen wir auch nicht umhin, uns mit Angemessenheit von Islam-Satire auseinanderzusetzen. Auch Muslime in Deutschland sind gefragt. Wünschenswert wäre es, eine relevantenre Stimme in der Debatte werden. Denn die Emanzipationsbewegungen der Vergangenheit haben es vorgemacht: In der organisierten Interessenvertretung liegt der Schlüssel zu einem respektvollen Miteinander.

Katharina Pfannkuch, Islamwissenschaftlerin und freie Journalistin.
Rana Deep Islam, Non-Resident Fellow am American Institute for Contemporary German Studies in Washington DC.

Kommentar in der »Frankfurter Rundschau« vom 26.02.2015

Der aufklärerische Anspruch verpflichtet zum dialektischen Bewusstwerden des angeprangerten Widerspruchs, zur eindeutigen Benennung des Unvereinbaren. Wenn Tucholsky zum Beispiel in seiner Deutschlandsatire *Heimat* in seinem Buch *Deutschland, Deutschland über alles* Ja-Sagen zur Heimat aus Liebe und das Nein-Sagen aus Hass rechtfertigt aufgrund des in diesem krassen Widerspruch befindlichen Zustandes der deutschen politischen Verhältnisse vor der Machtergreifung, dann darf, dann muss die Satire diesen humanen Widerspruch als notwendige Selbstbefragung und notwendigen nationalen Zweifel auch unzweideutig benennen, auch wenn sich ein der Gegensatz Hass und Liebe scheinbar moralisch ausschließen. Das Paradoxe liegt nicht in der Wortsemantik sondern in der Realität begründet, auf die sie sich bezieht.

Solange die Wirklichkeit ao sit wie sie ist, mobilisiert Tucholsky notwendig den distanzierenden Protest der Verneinung:

Laßt uns auch weiterhin Nein sagen, wenn es not tut![132]

Die Auswahl der Mittel dafür muss an dem moralischen und intellektuellen Anspruch der Satire gemessen werden, darum: *Was darf die Satire? Alles.*

Fazit

Man kann die Diskussion *Was darf die Satire?* nicht besser zusammenfassen, als dies in selten vorbildlich eindeutiger und verständlicher Form die Justiz präzisiert. Das Grundsatzurteil des Reichsgerichts vom 5. Juni 1928, das Anklagen gegen scheinbar verfassungswidrige Satire abwies[133], begründet dies in einer bis heute beeindruckenden Gültigkeit.

---

132 WN, S.80

133 Vgl. den Beitrag in diesem Buch zum Prozess um das Tucholsky-Zitat »Soldaten sind Mörder. Dazu auch: Michael Hepp und Viktor Otto (Hrsg.): »Soldaten sind Mörder« Dokumentation einer Debatte 1931-1996. Berlin: Links 1996; Michael Hepp (Hrsg.): Kurt Tucholsky und die Justiz. Dokumentation der Tagung der Kurt Tucholsky-Gesellschaft 1997 in Berlin. Oldenburg:1998; Dirk Grathoff: verfemt und zum Schweigen gebracht: Carl von Ossietzky und Kurt Tucholsky. In: Jörg-Dieter Kogel (Hrsg.): Schriftsteller vor Gericht. Verfolgte Literatur in vier Jahrhunderten. Frankfurt am Main: Suhrkamp 1996, S.209ff.

Aus einer grundsätzlichen Entscheidung des Reichsgerichts vom 5. Juni 1928 (RGST Bd. 62, 183)

„Es ist der Satire wesenseigen, daß sie, mehr oder weniger stark, übertreibt, d. h. dem Gedanken, den sie ausdrücken will, einen scheinbaren Inhalt gibt, der über den wirklich gemeinten hinausgeht, jedoch in einer Weise, daß der des Wesens der Satire kundige Leser oder Beschauer den geäußerten Inhalt auf den ihm entweder bekannten oder erkennbaren tatsächlich gemeinten Gehalt zurückzuführen vermag, also erkennt, daß tatsächlich nicht mehr als dieser geringere Inhalt gemeint ist. Die Satire und die Karikatur ziehen oft, wenn sie Mißstände rügen oder geißeln wollen, in jener übertreibenden, verzerrenden Weise die letzten Folgerungen aus dem Bestehen des Mißstandes, um diesen, mag er selbst auch keineswegs in einer so starken Form aufgetreten sein, recht handgreiflich und darum eindrucksvoll als solchen zu kennzeichnen. **Daraus folgt, daß eine satirische Darstellung nicht nach ihrem Wortsinn genommen werden, sondern erst des in Wort und Bild gewählten satirischen Gewandes entkleidet werden muß, bevor beurteilt werden kann, ob das, was in dieser Form ausgesprochen und dargestellt ist, den Tatbestand einer strafbaren Handlung, im besonderen einer Beleidigung [[ei es nach §186 oder 187, oder aber nach §185 StGB] enthält.**"

Faksimile des Reichsgerichtsurteils vom 5. Juni 1928[134]

---

134 Das Kurt Tucholsky Chanson Buch, hrsg. von Mary Gerold-Tucholsky und Hans Georg Heepe. Reinbek bei Hamburg: Rowohlt 1983, S.210

Satirisches Schreiben fordert politischen Zorn und Aggression heraus. Zensur und persönliche Verfolgung des Satirikers erklären sich aus diesem Engagement. Satire ergreift Partei und ihre Parteilichkeit provoziert ihre Unterdrückung, lenkt Stigmatisierung und Feindbilddenken auf sich. Ausbürgerung, Bücherverbrennung und Morddrohung waren für Tucholsky die politischen Konsequenzen, Resignation, Ängste, Depression Einsamkeit, Melancholie die psychischen Folgen.

Neben der tragischen Disposition beinhaltet das Verhältnis des Satirikers zum Leben aber auch das Moment des Humors, der intellektuellen Freude am »Spiel« mit den Widersprüchen. Die Lust, das »Unmögliche« mit dem »Möglichen« zu verbinden, erschließt die Spielräume eines hintergründigen und menschenfreundlichen Humors, lockt zum artistischen Umgang mit den unerwarteten Verrücktheiten des Lebens, verleitet zur heiteren Gestaltung des Unversöhnlichen im Gedanklichen (u.a. das Einbeziehen des Paradoxen, Grotesken) und im Seelischen (u. a. die melancholische Heiterkeit: *Lerne lachen ohne zu weinen*[135]*). Negativ? Blut und Elend und Wunden und zertretenes Menschentum - es soll wenigstens nicht umsonst gewesen sein.*[136] Die Ironie erleichtert dabei dem Satiriker Provokation und Verführung zur Nachdenklichkeit, dem Komiker das zweideutige Metaphernspiel und dem Humoristen das melancholische Rollenspiel des Clowns.[137]

---

135 Der Titel von Tucholskys Gedichtband Berlin: Rowohlt 1931

136 WN, S.80

137 *Die Entlarvung bringt eine unzulänglich integrierte Struktur zum Einsturz, zieht gewissermaßen eine lockere Karte aus dem Fundament eines Kartenhauses heraus«*, Primär richten sich die verschiedenen Verfahren [Satire, Ironie, *erworbenen Wissenszusammenhang. Sie unterscheiden sich darin, wie solche Zusammenstöße herbeigeführt werden: durch Kontrast (Travestie), durch Imitation (Parodie), durch Verzerrung (Karikatur) oder durch Wegnahme, Subtraktion (Entlarvung).«*Satire und Ironie *»sind keine Form-Kriterien. Satire bezeichnet eine Absicht, die sich mit allen Formen verbinden kann, Ironie ist eine (uneigentliche) Redeweise, die ebenfalls allen Formen dienstbar gemacht werden kann.« »Solche Mittel sind z. B. die Auslassung, der Reimzwang, die Stilisierung, die Abstraktion, die Verfremdung, die Analogisierung, die* Travestie, Parodie, Karikatur und Entlarvung] *»auf die methodische Herbeiführung von Kollisionen in Anspielung, der Wortwitz, die Kontamination.«* Ein wichtiges Mittel ist die *»Darstellung durch einen Einzelzug (pars pro toto) oder Darstellung eines Einzelzugs durch das Ganze (totum pro parte)«*, die Verschiebungsproben der klassischen Rhetorik. Wichtig ist das Ziel *Denkzwänge* zu provozieren, mit Abweichungen zu konfrontieren. Zit. Nach Jürgen Henningsen: *Theorie des Kabaretts*. Ratingen: A. Henn Verlag 1967, 46ff.

Das Positive konstituiert sich - auch unausgesprochen - durch die satirische Darstellung des Negativen, das Aufklärerische vermittelt sich durch die Kritik.

»Satyrisch ist der Dichter, wenn er die Entfernung von der Natur und den Widerspruch der Wirklichkeit mit dem Ideale [...] zu seinem Gegenstande macht. Dies kann er aber sowohl ernsthaft und mit Affekt als scherzhaft und mit Heiterkeit ausführen, je nachdem er entweder im Gebiete des Willens oder im Gebiete des Verstandes verweilt. Jenes geschieht durch die ‚strafende' oder pathetische, dieses durch die ‚scherzhafte' Satyre. [...]
In der Satyre wird die Wirklichkeit als Mangel dem Ideal als der höchsten Realität gegenüber gestellt. Es ist übrigens gar nicht nötig, daß das letztere ausgesprochen werde, wenn der Dichter es nur im Gemüt zu erwecken weiß; dies muß er aber schlechterdings, oder er wird gar nicht poetisch wirken. Die Wirklichkeit ist also hier ein notwendiges Objekt der Abneigung, aber worauf hier alles ankömmt, diese Abneigung selbst muß wieder notwendig aus dem entgegenstehenden Ideale entspringen. (Friedrich Schiller)[138]

---

138 Friedrich Schiller: *Über naive und sentimentalische Dichtung*. Kapitel »Satyrische Dichtung« nach dem Erstdruck von 1795. In: Werke und Briefe. Bd.8 Theoretische Schriften. Hrsg. v. Rolf-Peter Janz. Frankfurt am Main: 1992, (Bibliothek Deutscher Klassiker Bd.78)

Kurt Tucholsky

Zweifel (1925)[139]

Ich sitz auf einem falschen Schiff.
Von allem, was wir tun und treiben,
und was wir in den Blättern schreiben,
stimmt etwas nicht: Wort und Begriff.

Der Boden schwankt. Wozu? Wofür?
Kunst. Nicht Kunst. Lauf durch viele Zimmer
Nie ist das Ende da. Und immer
stößt du an eine neue Tür.

Es gibt ja keine Wiederkehr.
Ich mag mich sträuben und mich bäumen,
es klingt in allen meinen Träumen:
Nicht mehr.

Wie gut hat es die neue Schicht.
Sie glauben. Glauben unter Schmerzen.
Es klingt aus allen tapfern Herzen:
Noch nicht.

Ist es schon aus? Ich warte stumm.
Wer sind Die, die da unten singen?
Aus seiner Zeit kann Keiner springen.
Und wie beneid ich Die, die gar nicht ringen
Die habens gut.
Die sind schön dumm.

---

[139] GW7, Nr.14, S.40; vgl. auch Kurt Tucholsky: *An das Publikum*. GW14, Nr.77, S.326ff.

Erich Kästner[140]

Und wo bleibt das Positive, Herr Kästner? (1930)[141]

Und immer wieder schickt ihr mir Briefe,
in denen ihr, dick unterstrichen, schreibt:
»Herr Kästner, wo bleibt das Positive?«
Ja, weiß der Teufel, wo das bleibt.

Noch immer räumt ihr dem Guten und Schönen[142]
den leeren Platz überm Sofa ein.
Ihr wollt euch noch immer nicht dran gewöhnen,
gescheit und trotzdem tapfer zu sein.

Ihr braucht schon wieder mal Vaseline,
mit der ihr das trockene Brot beschmiert.
Ihr sagt schon wieder, mit gläubiger Miene:
»Der siebente Himmel wird frisch tapeziert!«

Ihr streut euch Zucker über die Schmerzen
und denkt, unter Zucker verschwänden sie.
Ihr baut schon wieder Balkons vor die Herzen
und nehmt die strampelnde Seele aufs Knie.

Die Spezies Mensch ging aus dem Leime
und mit ihr Haus und Staat und Welt.
Ihr wünscht, daß ich's hübsch zusammenreime,
und denkt, daß es dann zusammenhält?

---

140 Vgl. auch Michael Gans / Harald Vogel: Erich Kästner lesen. Lesewege und Lesezeichen zum literarischen Werk. Leseportrait hrsg. v. Harald Vogel Bd.4. Baltmannsweiler: Schneider Verlag Hohengehren 2013.2. vollständig überarbeitete und aktualisierte Auflage, Kap.9.1, S.163ff.

141 W1, S.170,

142 Dieser Leitspruch stand im 19. Jahrhundert oft über dem Portal von Theatern und Opernhäusern.

Ich will nicht schwindeln. Ich werde nicht schwindeln.
Die Zeit ist schwarz, ich mach euch nichts weis.
Es gibt genug Lieferanten von Windeln.
Und manche liefern zum Selbstkostenpreis.

Habt Sonne in sämtlichen Körperteilen
und wickelt die Sorgen in Seidenpapier!
Doch tut es rasch. Ihr müßt euch beeilen.
Sonst werden die Sorgen größer als ihr.

Die Zeit liegt im Sterben. Bald wird sie begraben.
Im Osten zimmern sie schon den Sarg[143].
Ihr möchtet gern euren Spaß dran haben ... ?
Ein Friedhof ist kein Lunapark[144].

Eine kleine Sonntagspredigt (1947) [145]
Vom Sinn und Wesen der Satire

Über dem geläufigen Satz, daß es schwer sei, keine Satire zu schreiben, sollte nicht vergessen werden, daß das Gegenteil, nämlich das Schreiben von Satiren, auch nicht ganz einfach ist. Das Schwierigste an der Sache wird immer die Vorausberechnung der Wirkung bleiben. Zwischen dem Satiriker und dem Publikum herrscht seit alters Hochspannung. Sie beruht im Grunde auf einem ebenso einseitigen, wie resoluten Mißverständnis, das der fingierte Sprecher eines Vierzeilers von mir, eben ein satirischer Schriftsteller, folgendermaßen formuliert:

---

143 Anspielung auf das seit der Oktoberrevolution 1917 kommunistische Rußland. Erich Kästner bezieht sich möglicherweise auf die Erlebnisse seiner Rußlandreise, die er im April 1930 gemeinsam mit Erich Ohser unternommen hatte. In einem späteren Gedenkwort für seinen Freund schrieb der Autor: »Wir sahen, was man uns zeigte, und noch ein bißchen mehr. Die Berliner Freiheit und das Leben auf eigene Gefahr waren uns lieber.«

144 Aus einem 1904 gegründeten Terrassenrestaurant am Halensee (Berlin) entstandener Vergnügungspark mit vielen Sport-, Rundfunk- und Tanzveranstaltungen. W1/436

145 W2, S.127ff.; Unter diesem Titel veröffentlichte Tucholsky einen satirischen Text 1931. GW14, Nr.75, S.321ff.

Ich mag nicht länger drüber schweigen,
weil ihr es immer noch nicht wißt:
Es hat keinen Sinn, mir die Zähne zu zeigen, –
ich bin gar kein Dentist!

Wie gesagt, die Verfasser von Satiren pflegen mißverstanden zu werden. Seit sie am Werke sind – und das heißt, seit geschrieben wird –, glauben die Leser und Hörer, diese Autoren würfen ihrer Zeit die Schaufenster aus den gleichen Motiven ein wie die Gassenjungen dem Bäcker. Sie vermuten hinter den Angriffen eine böse, krankhafte Lust und brandmarken sie, wenn sie es vorübergehend zum Reichspropagandaminister bringen, mit dem Participium praesentis »zersetzend«. Solche Leser sind aus Herzensgrund gegen das Zersetzen und Zerstören. Sie sind für das Positive und Aufbauende. Wie aufbauend sie wirken, kann man, falls sie es vorübergehend zum Reichspropagandaminister bringen, später bequem und mit bloßem Auge feststellen. In der Mittelschule lernt man auf lateinisch, daß die Welt betrogen werden wolle. In der eigenen Muttersprache lernt man's erst im weiteren Verlauf, – aber gelernt wird's auf alle Fälle, in der Schulstunde fehlt keiner. Die umschriebene Redensart, daß die Menschen sich und einander in die Augen Sand streuten, trifft die Sache nicht ganz. Man streut sich auf der Welt keineswegs Sand in die Augen. So plump ist man nicht. Nein, man streut einander Zucker in die Augen. Klaren Zucker, raffinierten Zucker, sehr raffinierten sogar, und wenn auch das nicht hilft, schmeißt man mit Würfelzucker! Der Mensch braucht den süßen Betrug fürs Herz. Er braucht die Phrasen, weich wie Daunenkissen, sonst kann sein Gewissen nicht ruhig schlafen.
Als ich vor rund fünfundzwanzig Jahren nach bestem Wissen und Gewissen zu schreiben begann, kamen immer wieder Beschwerdebriefe. Mit immer wieder dem gleichen Inhalt. Wo, wurde resigniert oder auch böse gefragt, wo bleibt denn nun bei Ihnen das Positive? Ich antwortete schließlich mit einem Gedicht [Und wo bleibt das Positive, Herr Kästner?[146]]
Dem Satiriker ist es verhaßt, erwachsenen Menschen Zucker in die Augen und auf die Windeln zu streuen. Dann schon lieber Pfeffer! Es ist ihm ein Herzensbedürfnis, an den Fehlern, Schwächen und Lastern der Menschen und ihrer einge-

---

146 W1, S.170, s. o. die Fassung des gleichlautenden Gedichts

tragenen Vereine – also an der Gesellschaft, dem Staat, den Parteien, der Kirche, den Armeen, den Berufsverbänden, den Fußballklubs und so weiter – Kritik zu üben. Ihn plagt die Leidenschaft, wenn irgend möglich das Falsche beim richtigen Namen zu nennen. Seine Methode lautet: Übertriebene Darstellung negativer Tatsachen mit mehr oder weniger künstlerischen Mitteln zu einem mehr oder weniger außerkünstlerischen Zweck. Und zwar nur im Hinblick auf den Menschen und dessen Verbände, von der Ein-Ehe bis zum Weltstaat. Andere, anders verursachte Mißstände – etwa eine Überschwemmung, eine schlechte Ernte, ein Präriebrand – reizen den Satiriker nicht zum Widerspruch. Es sei denn, er brächte solche Katastrophen mit einem anthropomorph vorgestellten Gott oder einer Mehrzahl vermenschlichter Götter in kausale Zusammenhänge.

Der satirische Schriftsteller ist, wie gesagt, nur in den Mitteln eine Art Künstler. Hinsichtlich des Zwecks, den er verfolgt, ist er etwas ganz anderes. Er stellt die Dummheit, die Bosheit, die Trägheit und verwandte Eigenschaften an den Pranger. Er hält den Menschen einen Spiegel, meist einen Zerrspiegel, vor, um sie durch Anschauung zur Einsicht zu bringen. Er begreift schwer, daß man sich über ihn ärgert. Er will ja doch, daß man sich über sich ärgert! Er will ja doch, daß man sich schämt. Daß man gescheiter wird. Vernünftiger. Denn er glaubt, zumindest Moralisten und Aufklärer könnten recht behalten: daß nämlich der Mensch durch Einsicht zu bessern sei.

Lange bevor die »Umerziehung der Deutschen« aufs Tapet kam, begannen die Satiriker an der »Umerziehung des Menschengeschlechts« zu arbeiten. Die Satire gehört, von ihrem Zweck her beurteilt, nicht zur Literatur, sondern in die Pädagogik! Die satirischen Schriftsteller sind Lehrer. Pauker. Fortbildungsschulmeister. Nur – die Erwachsenen gehören zur Kategorie der Schwererziehbaren. Sie fühlen sich in der Welt ihrer Gemeinheiten, Lügen, Phrasen und längst verstorbenen Konventionen »unheimlich« wohl und nehmen Rettungsversuche außerordentlich übel. Denn sie sind ja längst aus der Schule und wollen endlich ihre unverdiente Ruhe haben. Rüttelt man sie weiter, speien sie Gift und Galle. Da erklären sie dann, gefährlichen Blicks, die Satiriker seien ordinäres Pack, beschmutzten ihr eigenes Nest, glaubten nicht an das Hohe, Edle, Ideale, Nationale, Soziale und die übrigen heiligsten Güter, und eines Tages werde man's ihnen schon heimzahlen! Die Poesie sei zum Vergolden da. Mit dem schönen

Schein gelte es den Feierabend zu tapezieren. Unbequem sei bereits das Leben, die Kunst sei gefälligst bequem!
Es ist ein ziemlich offenes Geheimnis, daß die Satiriker gerade in Deutschland besonders schwer dran sind. Die hiesige Empfindlichkeit grenzt ans Pathologische. Der Weg des satirischen Schriftstellers ist mit Hühneraugen gepflastert. Im Handumdrehen schreien ganze Berufsverbände, Generationen, Geschlechter, Gehaltsklassen, Ministerien, Landsmannschaften, Gesellschaftsschichten, Parteien und Haarfarben auf. Das Wort »Ehre« wird zu oft gebraucht, der Verstand zu wenig und die Selbstironie – nie. Das wird und kann die Satiriker nicht davon abhalten, ihre Pflicht zu erfüllen. »Sie können nicht schweigen, weil sie Schulmeister sind«, hab ich in einem Vorwort geschrieben, »– und Schulmeister müssen schulmeistern. Ja, und im verstecktesten Winkel ihres Herzens blüht schüchtern und trotz allem Unfug der Welt die törichte, unsinnige Hoffnung, daß die Menschen vielleicht doch ein wenig, ein ganz klein wenig besser werden könnten, wenn man sie oft genug beschimpft, bittet, beleidigt und auslacht. Satiriker sind Idealisten.«
Zum Schluß der Predigt sei diesen beklagenswerten Idealisten ein Spruch auf ihren mühseligen Weg mitgegeben:

> *Vergeßt in keinem Falle,*
> *auch dann nicht, wenn vieles mißlingt:*
> *Die Geschichten werden nicht alle!*
> *(So unwahrscheinlich das klingt.)*

Neue Zeitung, August 1947

Erich Kästner
Das Zeitalter der Empfindsamkeit (1952)[147]

Wenn am kommenden Sonntag ein Fußballkapitän erklärte: »Wir spielen ab heute mit fünfzehn Mann«, würde man ihn zunächst auslachen. Beharrte er auf seinem Standpunkt, so brächte man ihn in die psychiatrische Klinik. Nehmen wir nun an, auf Grund von Überlegungen und Zufällen setzte sich, etwa in fünfzig Jahren, das Fünfzehn-Mann-System durch und es erklärte dann ein Fußballkapitän: »Wir spielen ab heute mit elf Mann«, würde man ihn zunächst auslachen. Beharrte er auf seinem Standpunkt, so brächte man ihn in die psychiatrische Klinik.
Dieses Beispiel soll zweierlei veranschaulichen. Einmal: Spielregeln sind unantastbar. Zum andern: Spielregeln wandeln sich, indem man sie antastet. Das gilt nicht nur für Fußballklubs, sondern für jede Gemeinschaft. Das Zusammenleben - im Staat, in der Sippe, in der Partei, in der Kirche, in der Zunft, im Verein - ist ohne Spielregeln unmöglich. Deshalb haßt man die Spielverderber weit mehr und fanatischer als die Falschspieler. Denn die Falschspieler betrügen zwar, aber sie tun es »regelrecht«. Doch taucht jemand auf und behauptet, die Monarchie sei eine überholte, abgetakelte Staatsform oder gar, die Erde drehe sich um die Sonne, muß er gewärtigen, daß man ihn verbrennt. Eines Tages werden dann seine Thesen die neuen Spielregeln bestimmen.
Die Gemeinschaften merken nicht, wenn und wann ihre Konventionen altern. Sie merken's auch nicht, wenn diese mausetot sind. Und die Repräsentanten der Gemeinschaften? Sie wollen es nicht merken. Sie verteidigen die Totems und Tabus mit Krallen und Klauen, mit Bann und Acht. Jene Männer, die mit dem Finger auf das Welken und Sterben der alten Regeln zeigen und neue, lebendige Regeln fordern, sind ihre natürlichen Feinde. Luther, Swift, Goya, Voltaire, Lessing, Daumier und Heinrich Heine waren solche Spielverderber. Sie gewannen den Kampf. Aber erst nachdem sie gefallen waren.
Von Lessing gibt es ein paar Sätze, die das Spannungsverhältnis zwischen den Wortführern der reaktionären Kräfte und dem Spielverderber, den einzig sein

---
147 Erich Kästner, W2, S.219ff.

Gewissen treibt, unübertrefflich kennzeichnen. »Ich habe auf kein gewisses System schwören müssen. Mich verbindet nichts, eine andere Sprache als die meinige zu reden. Ich bedaure die ehrlichen Männer, die nicht so glücklich sind, dieses von sich sagen zu können. Aber diese ehrlichen Männer müssen nur andern ehrlichen Männern nicht auch den Strick um die Hörner werfen wollen, mit welchem sie an die Krippe gebunden sind. Sonst hört mein Bedauern auf, und ich kann nichts, als sie verachten.«
Solche ehrlichen Männer, die nichts als ihre eigene Sprache reden, sind rarer als vierblättriger Klee. Die Lessings gibt es nicht im Dutzend. Da müssen sich erst Ehrlichkeit, Verstand, Mut, Talent und kaltes Feuer in ein und demselben Menschen mischen, ehe halbwegs ein echter Spielverderber zustande kommt. Und wie oft vereinigen sich diese fünf Gaben schon in einem einzigen Manne? Luthers Satz »Hier stehe ich, ich kann nicht anders!« gehört ins Deutsche Museum. Ins Raritätenkabinett.
Nun gibt es auch kleinkalibrige Spielverderber. Sie sind die »Unruhe« des konventionellen Alltags. Man nennt sie Journalisten. Es gibt nicht nur Journalisten der Feder, sondern auch des Zeichenstifts. Und es gab sie! Erinnern Sie sich noch jener kräftigen Beiträge, die von einigen Spielverderbern unseres Jahrhunderts herrühren und aus frühen Jahrgängen des Münchner »Simplicissimus« stammen? Also aus jenen guten alten und aschgrauen Tagen, die man sich ehestens mit Stichworten wie »Reisekaiser« und »Affäre Zabern«, »Boxeraufstand« und »Prozeß Eulenburg«, »Schlotbarone« und »Ostelbier«, »Bülow« und »Hertling«, »Wehrvorlage«, »Peterspfennig« und »Sittlichkeitsvereine« ins müde Gedächtnis zurückruft? Wer in den vergilbten Bänden blättert und liest, studiert nicht nur die Geschichte des deutschen Jugendstils, erlebt nicht nur den gewittrigen Vorabend des Ersten Weltkrieges, sondern erfährt in Bild und Text, an zahllosen Beispielen, wie Polemik aussehen kann, auch wenn sie nicht eben von lauter Daumiers und Lessings geführt wird. Wenn sich heutzutage jemand erdreistete, staatliche und kirchliche Mißstände, Justizwillkür und Kunstschnüffelei so anzuprangern, wie es etwa, Ludwig Thoma als »Peter Schlemihl« getan hat, man briete den Kerl am Spieß!
Die Publizisten und das pp. Publikum sind mittlerweile ins Zeitalter der Empfindlichkeit hineingetreten. Wir haben vor lauter Aufregungen, und es gab ja

genug, »total« vergessen, den Maulkorb abzunehmen, den man uns 1933 umgebunden hatte. Die einen können nicht mehr schreiben. Die anderen können nicht mehr lesen. Versuchen sie's trotzdem, so lesen sie, statt mit den Augen, versehentlich mit den Hühneraugen. Man kann ohne Übertreibung von einer Hypertrophie des Zartgefühls sprechen. Schon in den zwanziger Jahren schrieb Kurt Tucholsky, auch so ein rastloser Spielverderber, in einem satirischen Gedicht:

> *»Sag mal, verehrtes Publikum:*
> *bist du wirklich so dumm?*
> *Ja, dann ...*
> *Es lastet auf dieser Zeit*
> *der Fluch der Mittelmäßigkeit.*
> *Hast du so einen schwachen Magen?*
> *Kannst du keine Wahrheit vertragen?*
> *Bist also nur ein Grießbreifresser?*
> *Ja, dann ...*
> *Ja, dann verdienst du's nicht besser!«*

Was schriebe er erst, wenn er noch lebte? über das Publikum? Und gar über unsere Repräsentanten? Ganz besonders über unsere Rrrrrepräsentanten und -onkels, die, faßt man sie am Knopf, Hilfe schreien, weil sie ihre Knöpfe mit den heiligsten Gütern der Nation verwechseln? Und was schließlich schriebe er über seine lieben Kollegen? Ehrlichkeit, Verstand, Mut, Talent und kaltes Feuer, noch dazu in Personalunion, wie selten sind sie geworden! Dort bricht einer mit gewaltigem Getöse und Handgepäck zu einem fulminanten Leitartikel auf und nach den ersten Sätzen wieder zusammen! Hier schleicht ein Kritiker mit seiner abgerüsteten Armbrust hinters Gebüsch und legt vorsichtig an. Wenn das nicht Tells Geschoß wird! Man wartet und wartet. Blickt endlich hinter den Busch, und siehe - der Brave ist überm Zielen eingeschlafen! Da wieder verspricht uns einer, er träfe mit jedem Pfeil ins Schwarze. Statt dessen knallt er dann mit einer veritablen Kanone mitten ins Blaue!
Kritik, Kontroverse, Pamphlet und Polemik sind mehr denn je Fremdwörter. Die Leser müssen wieder lesen und wir Publizisten müssen wieder schreiben lernen.

Es sei denn, wir entschlössen uns, dem Ratschlag eines zeitgenössischen ‚Epigrammatikers zu folgen, der in seiner »Großdeutschen Kunstlehre« schreibt:

> *»Die Zeit zu schildern, ist eure heilige Pflicht.*
> *Erzählt die Taten! Beschreibt die Gesinnungen!*
> *Nur-kränkt die Schornsteinfeger nicht!*
> *Kränkt die Jäger und Briefträger nicht!*
> *Und kränkt die Neger, Schwäger, Krankenpfleger und*
> *Totschläger nicht!*
> *Sonst beschweren sich die Innungen.«*

Das Epigramm ist übrigens ironisch gemeint. Es wäre schade, wenn einige Leser den Autor womöglich mißverstünden.

Kurt Tucholsky
Olle Germanen (1925)[148]

Papa ist Oberförster,
Mama ist pinselblond;
Georg ist Klassen-Örster,
Johann steht an der Front
  Der Burschenschaft
»Teutonenkraft«.
Bezahlen tut der Olle.
Was Wotan weihen wolle![149]

Verjudet sind die Wälder,
verjudet Jesus Christ.
Wir singen über die Felder,
wie das so üblich ist,
  in Reih und Glied
  das Deutschland-Lied.
Nachts funkelt durch das Dunkel
Frau Friggas[150] *Frost-Furunkel.*

Die Vorhaut, die soll wachsen,
in Köln und Halberstadt;
wir achten selbst in Sachsen,
daß jeder eine hat.
  Ganz judenrein

---

148 GW7, Nr.42, S.117ff., WB 3.3.1925
»Mit der Neugründung der NSDAP am 27.2.1925 in München durch Hitler bündelten sich die reaktionären Kräfte wieder, die während Hitlers Haftzeit nach dem Putschversuch von 1923 und nach dem Verbot der Partei in rivalisierende Gruppen zerfallen war.«, Kommentar ebenda S. 656

149 Wotan, Anspielung auf Richard Wagners »Der Ring der Nibelungen« »W. ist nach Wagners eigenen Worten der tragische Held, der die Furcht vor dem Tod überwindet und den eigenen Untergang wählen und vollbringen kann. ... Damit fügt er sich in den schicksalshaften Untergang der Götter, deren Herrschaft zu Ende geht.« (,Götterdämmerung'),.s. Kröners Lexikon der literarischen Gestalten (Tb.420), Stuttgart 1987, S.495

150 Gattin des höchsten Gottes, Wotan, Göttin der Ehe und Fruchtbarkeit.

Muß Deutschland sein.
Und haben wir zu saufen:
Laß Loki ruhig laufen![151]

Wer uns verlacht, der irrt sich.
Uns bildet früh und spät
für 1940
die Universität.
Wer waren unsre Ahnen?
Kaschubische Germanen.
Die zeugten zur Erfrischung
uns Promenadenmischung.
Drum drehten wir
zum Beten hier
die nationale Rolle.
Was Wotan weihen wolle -!

Erich Kästner

Das Führerproblem, genetisch betrachtet (1931)[152]

Als Gott am ersten Wochenende
die Welt besah, und siehe, sie war gut,
da rieb er sich vergnügt die Hände.
Ihn packte eine Art von Übermut.

Er blickte stolz auf seine Erde
und sah Tuberkeln, Standard Oil und Waffen.
Da kam aus Deutschland die Beschwerde:
»Du hast versäumt, uns Führer zu erschaffen!«

---

151 Loki: »Zwielichtige Gestalt der germ. Mythologie, die zum Anführer der Mächte der Vernichtung wird und den Untergang der Götter einleitet.« Ebenda GW7, Kommentar S.656
152 W1,S.186

> *Gott war bestürzt. Man kann's verstehn.*
> *»Mein liebes deutsches Volk«, schrieb er zurück,*
> *»es muß halt ohne Führer gehn.*
> *Die Schöpfung ist vorbei. Grüß Gott. Viel Glück.«*
>
> *Nun standen wir mit Ohne da,*
> *der Weltgeschichte freundlichst überlassen.*
> *Und: Alles, was seitdem geschah,*
> *ist ohne diesen Hinweis nicht zu fassen.*

Die beiden Satiren zeigen zwei satirische Projektionen auf die unmittelbare faschistische Problematik, die sich in Deutschland 1931 stellte. Kurt Tucholsky spielt auf die arische Ideologie[153] an, gespeist vom Germanenmythos, der u. a. bei Wagner kultiviert wurde.[154] Die Ausgrenzung, später Ausmerzung des Fremden aus der deutschstämmigen Volksgemeinschaft sah Tucholsky, gebrandmarkt durch seine jüdische Herkunft, als massive politische Gefahr des sich neu etablierenden und aggressiv auftretenden Hitlerwahns. Die Ironie der *Ollen Germanen* wirkt nicht allein als karikierende Stigmatisierung und ideologische Verhöhnung, sondern greift massiv die gegenwartspolitischen Entwicklungen an, die das ideologische Gift z. B. angesichts der sich formierenden nationalistischen Aufmärsche bereits anzeigen. So vermittelt sich die satirische Attacke Tucholskys dem deutschen Publikum unmittelbar und aktuell.

Kurt Tucholsky wagt den direkten und fundamentalen Angriff.

Demgegenüber wirkt Erich Kästners Führerkultsatire wie ein verulkendes Kinderspiel, das die politische Konfrontation vermeidet. Es bleibt ein den Schöpfungsglauben karikierender *Gesang zwischen den Stühlen*[155], der die Führerfigur ohne spezifizierende politische Provokation lächerlich macht:

---

153 Insbesondere auf den Antisemitismus und die befürchtete Judenverfolgung durch die Nazis.

154 Hitler verehrte Wagners Germanenkult und das Bayreuther Wagnerhaus »Wahnfried« besonders unter Winifred Wagner hofierte Hitler.

155 Kästners gleichlautender Gedichtbandtitel von 1932, in den das Gedicht aufgenommen wurde.

ein bisschen wenig in einer Zeit ‚Hitler ante portas' und die Gefahr 1932 politisch ignorierend, aber durchaus als parodistisches Poem zu goutieren. Die Nettigkeit der Machart und die Leichtigkeit der unterhaltsamen Pointe sowie die Harmlosigkeit der Glosse versagen dem überzeugten Moralisten die erstrebte Gleichrangigkeit mit seinem Kollegen bei der *Weltbühne*.
Am besten und gesellschaftskritisch überzeugendsten gelingen Erich Kästner die von seinem radikalen Pazifismus geprägten Satiren, die sich mit Tucholskys Antikriegs- und Nie wieder Krieg- Satiren messen lassen können.[156] Bei diesem Thema, das nicht auf den Nationalsozialismus dezidiert fixiert war, konnte Kästner vor der Machtergreifung auf autibiogrphische Erfahrungen zurückgreifen und antimilitärische Strömungen allgemein karikierend und parodierend satirisch schärfen und nach dem Dritten Reich in der Wiederaufrüstungs- und Antiatomkraftdebatte erfahrungsnah und einvernehmlich mit der breiten Protestbewegung auch an die Wehrmachtskritik in der Weimarer Republik und die Ohnmachtsgefühle angesichts der Kriegskatastrophen anknüpfen.[157]

Als Erich Kästner in den 20er Jahren nach Berlin kommt und anfängt u. a. für *Die Weltbühne* zu schreiben, ist Tucholsky bereits etablierter Literat und Mitherausgeber dieser international renommierten Wochenzeitschrift. Erich Kästners Selbstverständnis als Idealist und Moralist charakterisiert die Erwartungshaltung an sein erwartetes Publikum. In seinem Satireessay, betitelt *Eine kleine Sonntagspredig*, in der er sich als *Lehrer, Pauker, Fortbildungsschulmeister* sieht. Korrespondierend dazu *bezeichnet er den Satiriker als Seelenarzt, Prediger, als beklagenswerten Idealisten, Schulmeister. Die Satire gehört [folgerichtig], von ihrem Zweck her beurteilt, nicht zur Literatur, sondern in die Pädagogik.* Zu Beginn seiner ‚Predigt'

---

[156] Vgl. Kurt Tucholskys vor allem 1919 publizierten pazifistischen Satiren wie *Unser Militär, Krieg dem Kriege, Schwarzrotgold, An unsre Kleine, Einkäufe* in *GW*3; Erich Kästners Gedichte: *Sergeant Waurich, Die Ballade vom Nachahmungstrieb, Der Handstand auf der Loreley, Kennst Du das Land, wo die Kanonen blühn?*,in W1

[157] Eine gelungene Anthologie dieser überzeugenden Kästner Satiren (z. B. *Das Spielzeuglied*, 1946), findet man in seinem Gedichtband: *Kennst du das Land, wo die Kanonen blühen? Gedichte. Auswahl und Zusammenstellung Walter Püschel. Vorwort von Erich Kästner*. Berlin: Eulenspiegel 1987; vgl. auch Kästners Rede zum »Ostermarsch 1961«, W6, S.662ff. und ebenda das Nachwort von Hans Sarkowicz und Josef Görtz

fragt der erfolgsorientierte Kästner nach *der Wirkung*. Tucholsky hatte als Erstes die Gründe für die Satire erörtert Er fragte nach der Notwendigkeit, den humanen Bedingungen, nach dem idealistischen Anliegen der Satire. Kästner beklagt vorrangig die Aussichtslosigkeit satirischen Engagements angesichts der Unbelehrbarkeit der Erwachsenen. Dabei beschäftigt sich der Skeptiker und Pessimist Kästner mit dem nicht vorhandenen Umerziehungsqualitäten des Publikums und bedauert den Satiriker, der sich auf fatale Weise darum bemüht, *an der Umerziehung der Deutschen und sogar des Menschengeschlechtes in idealistischer Zuspitzung zu arbeiten [sic].*
Er stellt die Dummheit, die Bosheit, die Trägheit und verwandte Eigenschaften an den Pranger. Und stellt in ironischer Banalität fest, dass der Satiriker schwer begreift, daß man sich über ihn ärgert! Er will doch, daß man sich über ihn ärgert! Er will doch, daß man sich schämt. Daß man gescheiter wird. Vernünftiger. Denn er glaubt, zumindest Moralisten und Aufklärer könnten rechtbehalten: daß nämlich der Mensch durch Einsicht zu bessern sei.
Das Selbstverständnis von Autor und Publikum wird als naiv abqualifiziert. *Da erklären sie dann, gefährlichen Blicks, die Satiriker seien ordinäres Pack, beschmutzten ihr eigenes Nest, glaubten nicht an das Hohe, Edle, Ideale, Nationale, Soziale und die übrigen heiligsten Güter, und eines Tages werde man's ihnen schon heimzahlen! [...]*
Auf diesem Diskursniveau kann man nicht ernsthaft über *Wesen und Sinn der Satire* diskutieren. Die Wertschätzung für den Satiriker, der sich selbst zum Scheitern verurteilt sieht, besitzt wenig Überzeugungskraft. Kästner fasst den Zustand, seinen eigenen inbegriffen, knapp zusammen: als *beklagenswert*, bemitleidenswert.
Schade, das Erich Kästner sich selbst als gesellschaftskritischer Neuling so intellektuell abwertet und als selbsternannter, aber gescheiterter Schulmeister stigmatisiert, der ursprünglich, wie er sagt, angetreten ist, die Welt der *Gemeinheiten, Lügen, Phrasen und längst verstorbenen Konventionen* auszurotten, zu bekämpfen. Eine selbstreflektorische Standortbestimmung misslingt. Aber vielleicht hat James Krüss in seiner Einschätzung recht:

Die Leute merken nicht, daß, was Zynismus scheint, Verzweiflung ist, Verzweiflung als enttäuschte Liebe. Kästner liebt die Menschen. (Sonst schriebe er seine Romane für Kinder nicht.)[158]

Rudolf Walter Leonhardt betitelt seine Würdigung 1959 für Erich Kästner als *Der angriffstraurige Lehrer-Dichter.*[159]
Erich Kästner gehört durchaus zu den Journalisten. [...] deren Sinnen und Schreiben weniger auf die Ewigkeit als auf ein bißchen mehr Anständigkeit hier und jetzt gerichtet ist: der Lehrer-Dichter sie alle, und angriffs-traurige Polemiker viele von ihnen, auch ehe Kästner diese treffende Variante des Angriffslustigen erfand.[160]
Als ein so verstandener melancholischer Satiriker, der sich meist depressiv im aussichtslos empfundenen Angriff sieht und innerlich weint, wenn er scheinbar zynisch zuschlägt, ein bescheidener Weltverbesserer ohne große Philosophie und politische Konzepte und schon gar nicht ideologische Standorte, ein seinen Versäumnissen nachtrauernder Menschenbeobachter und potentieller Freund mit besonderer Hoffnung auf eine sich emanzipierende Jugend, ja so relativierend in den Ansprüchen fällt es einem leicht, Kästner und seine Gedichte und Kinderbücher zu lieben. Das Theoretisieren war nicht Kästners Stärke. Seine Neigung zu moralischen Paukenschlägen wirken weniger überzeugend als seine atmosphärisch privat gestimmten Lebensskizzen und humorvoll-ironischen Alltagspsychogramme. Und wenn Kästner mitfühlend klagt, dann gelingt ihm dies unaufdringlich, wenn er sich in melancholischer Bescheidenheit, zurückhaltender Verbitterung und parodierender Metaphorik ohne intellektuell karikierende Schärfe poetisch erklärt.

---

158 James Krüss: Stilist und Menschenfreund. In. Das große Erich Kästner Lesebuch. Hrsg. v. Sylvia List. Mit einem Geleitwort von Hermann Kesten. München: dtv !999, S. 482ff., hier 485
159 Ebenda-S.464
160 Ebenda S. 466

Erich Kästner
Große Zeiten (1931)[161]

Die Zeit ist viel zu groß, so groß ist sie.
Sie wächst zu rasch. Es wird ihr schlecht bekommen.
Man nimmt ihr täglich Maß und denkt beklommen:
So groß wie heute war die Zeit noch nie.

Sie wuchs. Sie wächst. Schon geht sie aus den Fugen.
Was tut der Mensch dagegen? Er ist gut.
Rings in den Wasserköpfen steigt die Flut.
Und Ebbe wird es im Gehirn der Klugen.

Der Optimismusfink schlägt im Blätterwald,
Die guten Leute, die ihm Futter gaben,
sind glücklich, daß sie einen Vogel haben.
Der Zukunft werden sacht die Füße kalt.[162]

Wer warnen will, den straft man mit Verachtung.
Die Dummheit wird zur Epidemie.
So groß wie heute war die Zeit noch nie.
Ein Volk versinkt in geistiger Umnachtung.

Tucholsky witterte die Neigung zu parodistisch inszenierter Idylle und Gefühligkeit in Kästners Satiren: »*Da pfeift einer, im Sturm, bei Windstärke 11 ein Liedchen*«[163]. Er erkennt aber auch die eingängige, rezeptionswirksame sprachliche Begabung Kästners, seine authentische Sensibilität und auch den Willen zum gesellschaftlich ambitionierten Schriftsteller. Doch die Satire als politisches Instrument will Kästner nicht so recht gelingen Er ist doch zu vorsichtig, ängstlich und resignativ. Der Optimismus gegenüber Kindern

---

161 W1, S.231
162 Dieser Vers zeigt auch den manchmal verkrampfhaften Versschmied.
163 GW13, Nr.185, S.498

liegt Erich Kästner, dem Sehnsuchtsoptimisten, mehr, ebenso wirken der erotische Flirt, die karikierende Parodie und der sentimentale Spiegelblick gegenüber dem angestrengten satirischen Biss authentischer.

Die Vorliebe für die Kabarettbühne, das gesellschaftlich anzügliche, bevorzugt erotische Chanson, oder wie Tucholsky in seiner französischen Affinität lieber sagt *Couplet*, ist beiden Nachtschwärmern und Frauenliebhabern, Tucholsky und Kästner, gemeinsam. Die gesellschaftskritische Anspielung darin ist bei Tucholsky von zusätzlichem Esprit. Abschließend wollen wir nicht versäumen, Tucholskys Plädoyer für *Politische Couplets*[164] (auch in seinem Satirejahr 1919 für das *Berliner Tageblatt* geschrieben) als stilistische Meisterleistung anzufügen.

Politische Couplets (1919)

Deutschland hat keine großen politischen Coupletdichter hervorgebracht. 1848 nicht und heute nicht und noch niemals. Man müßte denken, dass in einer Zeit wie der jetzigen das politische Lied aus allen Gassen hervorsteigt, aber weit gefehlt. Dieses Volk leitartikelt sich seinen Kummer von der Seele, es reimt nicht, wenn's um die Wurst geht. (Gereimt, entsetzlich gereimt hat es nur, als damals der Krieg ausbrach, aber daran wollen wir uns lieber nicht erinnern, so schön war das.) Und heute fehlen uns die politischen Coupletdichter und natürlich auch die Coupletsänger.
Sie fehlen wirklich, aber man kann beide nicht machen: die Dichter nicht und die Sänger erst recht nicht. Sie fehlen, denn das Lied ist ein gutes Ventil, durch das viel Leidenschaft unschädlich verpufft, wenn der Kessel einmal stark geladen ist, und das ist er ja heute. Und künstlich herstellen läßt sich dergleichen nicht. Das hat sich gezeigt, als das Kriegspresseamt, dessen vergiftende Tätigkeit niemals vergessen sein soll, alle neun Musen (allerdings ohne die Grazien) in den Dienst seiner verderblichen Aufklärungsarbeit stellte: da wurde gedichtet und gemalt,

---

164 GW3, Nr.74, S. 152ff.

gefilmt und komponiert – und geholfen hat es schließlich doch alles nichts. Denn die Musen sind, alle neun, freundliche und liebreizende Mädchen, aber eines lassen sie sich nicht gefallen: sie schätzen keine Vernunftheirat und wollen um ihrer selbst willen geliebt sein. Will einer eine Reichsanleihe auflegen, dann mag er's sagen – aber deshalb braucht er noch kein Gedicht zu machen. So ein Gedicht muß – in Haß oder Liebe – aus dem Herzen kommen, und es muß von Apollo und nicht von der Furcht diktiert werden, die Reklamation könne eines bösen Tages aufhören. Man riecht das solchen Poemen gleich an, dass sie nur eine Ermahnung in Versen sind, und nun wirken sie nicht. (Das ist auch, beiläufig, der Grund, warum die gesamte Antibolschewistenpropaganda ins Wasser fällt: sie arbeitet mit falschen Mitteln.) Aber haben wir denn keine politischen Coupletsänger?

Wir haben schon. Aber es ist nicht hübsch, was da ans Rampenlicht kommt. Der einzige Otto Reutter hat wenigstens Charme und will schließlich nicht mehr, als die Leute aufheitern und hier und da ein wenig zum Nachdenken bringen. Einer bestimmten politischen Richtung hat er sich nicht verschrieben, denn – – Die Zensur, nicht wahr? Und die Behörden, die Schwierigkeiten machen, wie? Ach! das war einmal eine bequeme Ausrede, denn heute funktioniert der einst so viel zitierte Rotstift des Herrn v. Glasenapp nicht mehr, und –? Und?

Es ist alles beim alten.

Das liegt daran, dass die härteste und unerbittlichste deutsche Zensur gar nicht in dem Amtszimmer der Behörden sitzt, sondern im Parkett. Mitten im Parkett sitzt sie rund und dick und erlaubt keinem Künstler, der da oben sein Liedel bläst, auch nur einen Finger breit von der herkömmlichen Linie abzuweichen. Nun ist das eine traurige Angelegenheit: der Mittelstand, der Bürger ist empört und in seinen heiligsten Gefühlen verletzt, wenn einer da oben etwa wagen würde, anderer Meinung als er zu sein – Radikalismus duldet er nicht im Varieté und verzeiht ihn seinem Sänger nie. Der Arbeiter ist vielleicht toleranter, aber er ergötzt sich leider, leider immer und heute noch an Dingen, die ja von seinem Standpunkt aus sehr gesinnungstreu sein mögen, die aber an Stärke des Kitsches einem besseren Kriegervereinskaisergeburtstagstheaterstück nichts nachgeben. So geht es nicht.

Wir müssen endlich, endlich ein politisch reifes und mündiges Volk werden. Wir müssen endlich, endlich – nach so vielen Jahren behördlicher Bevormundung und artiger Haltung – lernen, dass ein Theater der gesamten Öffentlichkeit ge-

hört, und dass ein Coupletsänger das Recht hat, ein monarchistisches Lied vorzusingen, und ein anderer mag ein ultrarevolutionäres bringen – jeder seins. Wems nicht paßt, der braucht nicht hinzuhören und nicht hinzugehen. Aber es ist kindisch, auf die Coupletsänger einen so großen moralischen Druck auszuüben, dass ihnen die Lust und der Wagemut zu einer politischen Stellungnahme überhaupt vergeht, so dass sie nun das dünne und farblose Zeug vortragen, das wir heute anzuhören haben.

Denn wie dürftig ist das alles! Ein lauer und flauer Witz auf Ebert und auf Scheidemann, die Räteregierung, die ›sich keinen Rat weiß‹, eine Anspielung auf die Tatsache, dass die Lebensmittel noch immer teuer und rar sind – das sind so die wesentlichen Themen der Varietépolitik. Und das ist schade, denn der Bühnenboden ist ein guter Boden, auf dem manche Frucht reifen könnte.

Und haben wir denn keinen, keinen, der Temperament und Kraft genug hätte, die Massen hinzureißen? Wir haben einen, und dieser eine ist eine Frau.

Frankfurt hat zwei große Männer hervorgebracht: Goethe und Gussy Holl. Diese seltene und prachtvolle Frau wäre wie keine zweite deutsche Künstlerin befähigt und berufen, die große politische Sängerin zu werden. Sie ist kein Kind des Volkes, es ist nicht seine elementare Kraft, mit der sie fortreißt. Es ist Kunst, aber eine von der stärksten und sieghaftesten Sorte. Sie kann alles: hassen und lieben, streicheln und schlagen, singen und sprechen, – da ist kein Ton, der nicht auf ihrer Leier wäre. Sie kann machen, daß aller Herzen denselben Takt schlagen, – sie singt irgendeine kleine Dummheit, und die Leute bekommen weiche Augen –, sie lacht, und eine unbändige Heiterkeit breitet sich aus. Ich sehe hier ganz ab von ihrer fabelhaften Kunst des Parodierens, von ihrer Fähigkeit, auch die gewagtesten Dinge mit einem graziösen Sprung zu überflitzen, – uns interessiert hier nur die Künstlerin, die einem dichtgefüllten Saal voller politisch denkender Menschen mehr zu sagen hätte, als zehn Leitartikler. Wenn – –

Ja, wenn sie eben Texte hätte. Wer schreibt ihr die? Es ist politisch unklug, einen solchen Schatz ungehoben verkümmern zu lassen. Und es ist, künstlerisch, bedauernswert, diese strahlende Blondheit nicht einmal voll entfaltet sehen zu können: eine seltene Vereinigung von Humor und Geschmack, von Kunst und herrlichem, unbekümmertem Leben, ein Nervenbündel und eine grazile Frau, ein Wille, ein Witz, eine Leidenschaft und ein ganzer Kerl!

Das Parlament

Ob die Sozialisten in den Reichstag ziehn —
is ja janz ejal!
Ob der Vater Wirth will nach links entfliehn,
oder ob er kuscht wegen Disziplin —
is ja janz ejal!
Ob die Volkspartei mit den Schiele-Augen
einen hinmacht mitten ins Lokal
und den Demokraten auf die Hühneraugen . . .
is ja janz ejal!
is ja janz ejal!
is ja janz ejal!

Fotomontage von John Heartfield, 1929 aus: Deutschland, Deutschland über alles. Ein Bilderbuch von Kurt Tucholsky.

Tucholsky: Fromme Gesänge Buchumschlag
»Halb erotisch – halb politisch«

Kästner »Die kleine Freiheit« Buchumschlag

Halb erotisch – halb politisch (Tucholsky)
Die kleine Freiheit (Kästner)

Kabaretttexte von Kurt Tucholsky und Erich Kästner. Ein wirkungstypologischer Vergleich[165]

Vorbemerkung

Kurt Tucholsky und Erich Kästner gelten bis heute als Klassiker auf der Kabarettbühne. Das damalige kabarettistische Genre war noch geprägt von stilistisch geschliffenen, auf humorvolle Unterhaltung bedachten und zugleich politisch und moralisch provokanten zeit-, beziehungs- und gesellschaftskritischen Beiträgen, die für einen publikumswirksamen Bühnenvortrag geschrieben sind. Gegenüber dem französischen *Cabaret*, das stärker dem Amüsement und politisch unverfänglichen Revueszenen verpflichtet war, strebte das deutsche Kabarett in seinen Anfängen stärker nach einer kritischen Wortbühne, gleichwohl mit der Erwartung nach Beiträgen und Auftritten mit künstlerischem Anspruch für ein animierfreudiges Publikum wie es z. B. das *Tingel-Tangel-Theater*[166] bzw. die Kabarettrevuen von Friedrich Hollaender anboten. Das Nachdenkliche sollte zwar mit Biss angreifen, aber zugleich sollte der parodierende und satirische Zungenschlag pfiffig, griffig, humorgewürzt, originell überfallartig überraschend und mit intellektueller Schlagkraft, brillantem Humor und einem gehörigen Schuss Erotik und Esprit präsentiert werden. Die Spannweite zwischen intellektueller Provokation und kritischer Betroffenheit gegenüber einer nur goutierenden Vereinnahmung durch ex-

---

[165] Erweiterter Vortrag anlässlich der Tagung der Kurt Tucholsky Gesellschaft in Berlin zum Thema »*Kabarett und Freundschaft bei Kurt Tucholsky*« 1999, vgl. Dokumentation der Tagung hrsg. Von Stefanie Oswald / Roland Links, Universität Oldenburg: bis 2000, S.77-98.
Weitere Hinweise und Erläuterungen beziehen sich auf die Reihe Harald Vogel (Hrsg.): Leseportraits. Lesewege und Lesezeichen zum literarischen Werk. Bd. 1 Harald Vogel: *Tucholsky lesen*. 2. aktualisierte Auflage, Schneider Verlag Hohengehren, Baltmannsweiler 1997 und Bd. 4 Harald Vogel / Michael Gans: *Kästner lesen*, 2, vollständig überarbeitete und aktualisierte Auflage .Baltmannsweiler 2013:
Zit.: *Tucholsky lesen*, S. ... / *Kästner lesen*, S. ...

[166] Vgl. Klaus Budzinski / Reinhard Hippen: *Metzler Kabarett Lexikon*, Stuttgart, Weimar 1996, S.393f.

zellente artistische Unterhaltung blieb ein unlösbarer Widerspruch im kabarettistischen Metier. Die Nähe und Überschneidung zu Comedy, Travestie, Varieté und Varianten des Boulevardtheaters war von Beginn an gegeben, die zahlreichen Kleinkunstbühnen besonders in der Weimarer Zeit inszenierten eine Synthese von Artistik, Komik, Chanson, Sprachparodie und Satire. Eine wesentliche Rolle spielt dabei die Musik und die Darstellungskunst. Der Hang zum Spielerischen und Parodistischen war dem Nummernkabarett eigen.

Tucholsky hatte das deutsche Kabarett seit dessen „Geburt" am Beginn des 20 Jahrhunderts[167] kennengelernt, ihm war das darstellerische und somit sprachinszenatorische Handwerk besonders vertraut und er besaß dafür eine vorzügliche intellektuelle und sprachschöpferische Begabung. In der Weimarer Republik schrieb er vor allem kurze prägnante satirische Texte in der *Weltbühne* auch speziell für die große und kleine Kleinkunstbühne, bekam Auftragsarbeiten und widmete aufgrund seiner Künstlerfreundschaften viele Chansons persönlich berühmten Schauspielern und Komponisten. Seine ausgeprägte szenische und milieutypische Textdramaturgie kam bemerkenswert der Ausdruckspräsenz für Schauspielerinnen entgegen. Die weibliche Psyche konnte er höchst differenziert und einfühlend sowie mit allem weiblichen Esprit vergegenwärtigen, ohne Klischees oder Zeitmoden aufzugreifen. Die Mischung aus Erotik und authentischer Gefühlslage verstand er rollenspezifisch ebenso frech wie zartfühlend textlich zu ‚verkörpern', aber auch die politisch positionierten Kabarettrollen ihre satirisch aufgespießte Kritik an machtbesessener Scheinheiligkeit, rhetorischer Verlogenheit, egomanischer Besessenheit sowie menschenverachtender Moral gleichsam den Texten ‚anzuziehen'. Tucholsky entlarvte mit ernster Heiterkeit die melancholische Seelenlage und verstand, mit artistischer Glaubwürdigkeit Lebenswidersprüche, Beziehungsversagen, selbstverliebte Eitelkeiten sowie versteckte Ichzweifel und Einsamkeitsflucht überzeugend zu charakterisieren.

Für die weibliche und männliche Psyche seien zwei Beispiele vorgestellt:

---

167 Vgl. das bestens nach Stichworten erschlossene informative *Metzler Kabarett Lexikon*, hrsg. von Klaus Budzinski und Reinhard Hippen, Stuttgart / Weimar 1996; ebenda die jeweils ergiebigen Literaturverweise. Eine Kurzübersicht gibt Jürgen Henningsen: *Theorie des Kabaretts*. Ratingen: A. Henn Verlag 1967.
Für Recherchen sei auf das Deutsche Kabarettarchiv in Mainz verwiesen: »*Stiftung Deutsches Kabarettarchiv*«, Rheinstr. 48, D-55116 Mainz.

Kurt Tucholsky
Das Lied von der Gleichgültigkeit (1932)[168]

Alle Rechte vorbehalten

Eine Hur steht unter der Laterne,
des abends um halb neun.
Und sie sieht am Himmel Mond und Sterne –
was kann denn da schon sein?
 Sie wartet auf die Kunden,
 sie wartet auf den Mann,
 und hat sie den gefunden,
 fängt das Theater an.
Ja, glauben Sie, daß das sie überrasche?
Und sie wackelt mit der Tasche,
 mit der Tasche,
 mit der Tasche –
Na, womit denn sonst.

Und es gehen mit der Frau Soldaten,
und auch Herr Zahnarzt Schmidt.
Redakteure, Superintendenten,
die nimmt sie alle mit.
 Der eine will die Rute,
 der andre will sie bleun.
 Sie steht auf die Minute
 An der Ecke um halb neun.
Und sie klebt am Strumpf mit Spucke eine Masche ...
und sie wackelt mit der Tasche – mit der Tasche,
 mit der Tasche,
 mit der Tasche –
Na, womit denn sonst.

---

168 WB 1932.1 (Manuskript 1931), GW 15,Nr.4, S. 12f.; im Kommentar ebenda S.1001 ist als satirische Antwort in Die Linkskurve (1932, Nr.2) eine satirische Polemik abgedruckt unter dem Titel »Das Lied von der Inkonsequenz«.

Und es ziehn mit Fahnen und Standarten
viel Trupps die Straßen lang,
Und sie singen Lieder aller Arten
in dröhnendem Gesang.
Da kommen sie mit Musike,
sie sieht sich das so an.
Von wegen Politike ...
Sie weiß doch: Mann ist Mann.
Und sie sagt: «Ach, laßt mich doch in Ruhe - »
und sie wackelt mit der Tasche –
mit der Tasche ...
Und sie tut strichen gehn.
Diese Gleichgültigkeit,
diese Gleichgültigkeit –
die kann man schließlich verstehn.

Tucholsky formuliert das Spannungsverhältnis zwischen dem Kabarettautor, seinem Handwerk und dem genießenden Kabarettpublikum treffend selbstreflexiv in seiner Replik *Aus dem Ärmel geschüttelt* in der *neuen Schaubühne* 1921[169] :
«Das», sagen die Leute oft, wenn sie einen Vers von mir lesen, «fällt Ihnen gewiß sehr leicht. Es klingt, als ob ...» - «Ich es aus dem Ärmel geschüttelt hätte, wie?» sage ich dann. «Ja», sagen die Leute.
Die Mühe, die es macht, der deutschen Sprache ein Chanson – und noch gar eins für den Vortrag – abzuringen, ist umgekehrt proportional zur Geltung dieser Dinge. «Es steht nicht dafür», sagen die Wiener. Ich habe nie geglaubt, daß so viel Arbeit dahinter steckt, um zu erreichen, daß Leute abends zwei Stunden lachen, ohne daß sie und die Autoren sich hinterher zu schämen haben. Und gar, bis es so weit ist, daß man denkt, wir hätten es «aus dem Ärmel geschüttelt!»

---

169 GW 5, Nr.55, S.121, (ebenda Kommentar, S.697f. weitere poetologische Textverweise im Werk Tucholskys und der Hinweis, dass selten von ihm der Begriff «Chanson» verwendet wurde als vielmehr «Couplet». Abgedruckt auch in: Mary Gerold-Tucholsky und Hans Georg Heepe (Hrsg.), *Das Kurt Tucholsky Chanson Buch*, Reinbek bei Hamburg: Rowohlt 1983, S.9; dort zahlreiche Vertonungsvorlagen publiziert.

Zum Glück sieht keiner die erste Niederschrift: wie krumplig, wie schwerfällig, wie schwerflüssig ist da noch alles ...
Der Tragöde hats gut. Wenn er noch so mittelmäßig ist: er rollt doch mit den Augen, und das verfehlt hierzulande seine Wirkung nie. Bei uns wollen sie sich scheckig lachen (drei Poängsten pro Zeile) – und hinterher verachten sie das. Und daß einer gar dabei ernst sein kann, das ahnen sie kaum. Wie wenig hören es zwischen den Zeilen Walter Mehrings schluchzen! Es sind ja nur Chansons. (Und doch sind die da aus der Seele geschüttelt.)
Aber wer nun einmal das Cabaret (mit einem t, bitte!) liebt? Es ist eine unglückliche Liebe.

Kurt Tucholsky
Ideal und Wirklichkeit (1929)[170]

In stiller Nacht und monogamen Betten
denkst du dir aus, was dir am Leben fehlt.
Die Nerven knistern ... Wenn wir das doch hätten,
was uns, weil es nicht da ist, leise quält.
  Du präparierst dir im Gedankengange
  das, was du willst – und nachher kriegt dus nie ... -
Man möchte immer eine große Lange,
und dann bekommt man eine kleine Dicke –
  Ssälawih -!

Sie muß sich wie in einem Kugellager
in ihren Hüften biegen ... groß und blond.
Ein Pfund zu wenig – und sie wäre mager ...
wer je in diesen Haaren sich gesonnt ...
  Nachher erliegst du dem verfluchten Hange,
  der Eile und der Phantasie ...
Man möchte immer eine große Lange,

---

170 Theobald Tiger, WB 5.11.1929, GW 11, Nr.154, S.434f.; »Ssälawih«, frz. »C'est la vie« (So ist das Leben)

> *und dann bekommt man eine kleine Dicke –*
> *Ssälawih*
>
> *Man möchte eine helle Pfeife kaufen*
> *und kauft die dunkle – andre sind nicht da.*
> *Man möchte jeden Morgen dauerlaufen*
> *und tut es nicht ... Beinah ... beinah ...*
> *Wir dachten unter kaiserlichem Zwange*
> *an eine Republik – und nun ists die -!*
> *Man möchte immer eine große Lange,*
> *und dann bekommt eine kleine Dicke –*
> *Ssälawih*

Die Wirksamkeit von Tucholskys Kabaretttexten ist besonders ausgezeichnet durch seine darstellungswirksame Musikalität und damit verbunden seiner rhythmischen, tonalen und gestischen Gestaltung, die penibel seiner satirischen bzw. parodistischen Intention angepasst ist bzw. seinem oft dreischrittigen Refrain zusteuert.

Kästner, schon bedingt durch den Altersunterschied und die versetzte Zeitzeugenschaft, war in der Wahrnehmung und Erfahrungskompetenz eingeschränkter, als er Ende der zwanziger Jahre mit der Kabarettpoesie debütierte. Vornehmlich von der journalistischen Handschrift geprägt variierte Kästner erfolgreich seinen beobachtenden Reporterstil auch in parodistischen, alltagsnah aufgespürten Zeit- und Milieustudien, denen er eine spezifische lyrische Note und einfühlsame Atmosphäre verlieh. Das wortspielerische und szenisch inspirierte lyrische Plaudern, die atmosphärische Dichte und typisierende Alltäglichkeit mit humorvoller Verfremdung gelang dem Genreneuling Kästner. Die anfängliche Unsicherheit auf der großstädtischen Kleinkunstbühne überspielte Kästner mit einer spezifischen Stimmungsnote, die er seinen Texten in raffinierter Gleichförmigkeit unterlegte. Seine vorwiegend -zeitweise sentimentalen- Beziehungsskizzen und Gesellschaftsstudien fanden unbeschwert ein gefühlvoll gestimmtes Publikum. Dabei überwiegt eine moralische, erzieherische Komponente in Kästners moralisch

Coupletvortrag

Es macht wenig Spaß, für deutsche Schauspieler Couplets zu schreiben. Bezeichnend ist, daß der Deutsche diese Gattung abwechselnd „Chanson" oder „Couplet" nennt, was im französischen „Strophe" bedeutet — und nun, da der Einfluß Frankreichs auf Deutschland zugunsten der angelsächsischen Länder zurückgetreten ist, nennt er es „song", wobei er allemal andeutet, daß er dafür kein Wort hat, weil der Begriff fehlt.

Der französische Chansonnier singt seinen Text von einem Blatt Papier ab — kommt also gar nicht dazu, das zu tun, womit Seine Prominenz in Berlin so viele Texte zerstört: nämlich zu „spielen", sich zwischen das Lied und den Empfänger zu drängen, Sinn und Gehalt zu verfälschen. Es gibt in Berlin ein paar Ausnahmen, die große Valetti voran, Paul Graetz und andre, auf die man sich verlassen kann — der Durchschnitt macht sich mausig, und das Lied ist im Mond.

Schrecklich, wenn sie über die Vers-Enden, die doch einen Einschnitt bedeuten, den Text „sinngemäß" ziehen — während doch der Rhythmus zu herrschen hat; fürchterlich, wenn sie „Nuancen" erfinden, die gar nichts mit dem Lied und alles mit ihrer Eitelkeit zu tun haben. Ein guter Text ist kein Sprungbrett. Es ist nicht wahr, daß diese uns erst zum Leben verhelfen — sie töten.

Wenn sie wissen wollen, wie man so etwas zu machen hat, dann mögen sie sich Columbia 4942 vordrehen lassen — wie da die Dame Tukker in den Refrain „Virginia" steigt, das läßt einem das Herz höher schlagen. Die kanns, die man freilich eine Persönlichkeit sein, und die ist nicht jedem gegeben, der hohe Gagen bekommt.

Nimmt man, abgesehen von der grenzenlosen Unzuverlässigkeit der Direktoren, hinzu, daß es keinen gebildeten Tyrannen des Cabarets gibt, so hat man jenen Tiefstand, den wir alle beklagen. So dringt kaum ein Lied in die Tiefe, keines von Wert geht in die Breite — alles ist auf den Ausruf des Rechtsanwalts im Smoking: „Faabelhaft!" angelegt —; wild gewordene Provinz, darin der Prominente seinem Affen Zucker gibt. Es ist kein Zufall, wie die besten Autoren der lustigen Gattung, Friedrich Hollaender und Marcellus Schiffer, ihre Texte durchsetzen — sicherlich oft gegen den Schauspieler. Wie man ja bei Spitzenleistungen besser tut, nicht auf den Fachmann zu hören; so sind auch im Film die Caligaris aller Arten gegen den Widerspruch der Kommissionäre durchgegangen. Denn hätte man auf sie gehört, so ständen wir heute noch bei „Donauweibchen" und „Ein Bursch am Rhein".

In der Kunst drängt sich der Kommissionär viel zu sehr hervor, der längst nicht mehr mit der Rolle des Mittlers zufrieden ist — Regisseure, Kunsthändler und sogar gänzlich unproduktive Vermittler werden maßlos überschätzt.

Die schlimmste Zensur für unsereinen sitzt nicht in den Ministerien, sondern in größenwahnsinnig gewordenen Mimen, die, überzahlt, nur das durchgehen lassen, was sie begreifen. Und das ist nicht viel.

Junger Reinhardt des Cabarets — wo bist du —?

motivierten Erzählgedichten. In dieser Beziehung unterschied er sich von dem kosmopolitisch erfahrenen und belesenen Tucholsky.
Kästner traute sich den widerständigen und politisch brisanten Biss seines Vorbildes nicht zu. Abgesehen von seiner Leipziger Episode mit der Beethovenparodie zusammen mit dem Künstlerfreund Erich Ohser,[171] war er keinen Zensurgefährdungen ausgesetzt. Kästner blieb auch nach der Machtergreifung der stille beobachtende Zeitzeuge wie bei seiner eigenen Bücherverbrennung und rettete sich in die vom Propagandaministerium geduldete Rolle des Schriftstellers mit autorisierten Pseudonymen. Kästners nachgeholtes kurz aufflackerndes satirisches Comeback auf der Kabarettbühne in der Nachkriegszeit hielt nur kurze Zeit und war noch eine Zeitlang in der Protestszene der Antikriegs- und Antiatomkraftbewegung gefragt. Eine angestrebte literarische Darstellung seiner Zeitzeugenrolle im Dritten Reich gelang Kästner nicht mehr und führte im Vollzug der Aufarbeitung seiner Vergangenheitsrolle mit zunehmenden Alter zu einer nachhaltigen Depression, die eine satirische bzw. kabarettistische Profilierung versagte.[172]

Erich Kästners erotische und beziehungspsychologisch motivierte schriftstellerische Begabung bleibt unbestritten und überzeugt in ihrer autobiographischen Spiegelung. Dieser authentische Blick nach innen und außen gestaltet sich einfühlsam in szenisch arrangierten Texte mit einer melancholischen Grundierung. die Empathie erzeugt. Die mitfühlende Teilnahme blendet dabei gerne den Mangel an stilistischer Vielfalt und spezifizierender Zeitkritik aus und garantiert so eine zeit- und generationsunabhängige Akzeptanz, suggeriert ein unbeschwertes Einvernehmen.

---

171 Vgl. *Kästner lesen* (2013), Kap. 10.1., S.192ff.

172 Vgl. den Eingangsaufsatz in diesem Buch, dort auch die bibliografischen Hinweise, eine knappe Übersicht vermittelt die rowohlt monographie von Sven Hanuscheck: *Erich Kästner*, Reinbek bei Hamburg 2013

Erich Kästner
Die Zeit fährt Auto (1927)[173]

Die Städte wachsen. Und die Kurse steigen.
Wenn jemand Geld hat, hat er auch Kredit.
Die Konten reden. Die Bilanzen schweigen.
Die Menschen sperren aus. Die Menschen streiken.
Der Globus dreht sich. Und wir drehn uns mit.

Die Zeit fährt Auto. Doch kein Mensch kann lenken.
Das Leben fliegt wie ein Gehöft vorbei.
Minister sprechen oft von Steuersenken.
Wer weiß, ob sie im Ernste daran denken?
Der Globus dreht sich und geht nicht entzwei.

Die Käufer kaufen. Und die Händler werben.
Das Geld kursiert, als sei das seine Pflicht.
Fabriken wachsen. Und Fabriken sterben.
Was gestern war, geht heute schon in Scherben.
Der Globus dreht sich. Doch man sieht es nicht.

Erich Kästner
Kleines Solo (1947)[174]

Einsam bist du sehr alleine.
Aus der Wanduhr tropft die Zeit.
Stehst am Fenster. Starrst auf Steine.
Träumst von Liebe. Glaubst an keine.
Kennst das Leben. Weißt Bescheid.
Einsam bist du sehr alleine –
  und am schlimmsten ist die Einsamkeit zu zweit.

---

173 W1, 40, Kästner lesen, S.134

174 W2,152, Kästner lesen, S.65

Wünsche gehen auf die Freite.
Glück ist ein verhexter Ort.
Kommt dir nahe. Weicht zur Seite.
Sucht vor Suchenden das Weite.
Ist nie hier. Ist immer dort.
Stehst am Fenster. Starrst auf Steine.
Sehnsucht krallt sich in dein Kleid.
Einsam bist du sehr alleine –
 und am schlimmsten ist die Einsamkeit zu zweit.

Schenkst dich hin mit Haut und Haaren.
Magst nicht bleiben, wer du bist.
Liebe treibt die Welt zu Paaren.
Wirst getrieben. Mußt erfahren,
daß es nicht die Liebe ist.
Bist sogar im Kuß alleine.
Aus der Wanduhr tropft die Zeit.
Gehst ans Fenster. Starrst auf Steine.
Bräuchtest Liebe. Findest keine.
Träumst vom Glück. Und lebst im Leid.
Einsam bist du sehr alleine –
 und am schlimmsten ist die Einsamkeit zu zweit.

Karikatur von Henri Meyer-Brockmann, 1970

Kästner besitzt die Fähigkeit, durch eine beobachtende Perspektive sogar bei selbstreflexiver Erzählhaltung dem Leser / Hörer eine Distanz einzuräumen, die zugleich eine emphatische Teilnahme (vgl. *Sachliche Romanze*) eröffnet. Aber manchmal verleitet das eingängige Einverständnis die zuweilen zynische Zuspitzung wahrzunehmen, die Kästner grenzwertig in einigen Texten wagt, so z. B. in der letzten Strophe von *Sogenannte Klassefrauen*[175] [1930!][176] (vgl. auch *Maskenball im Hochgebirge*[177]):

Wenn's doch Mode würde, zu verblöden!
Denn in dieser Hinsicht sind sie groß.
Wenn's doch Mode würde, diesen Kröten
jede Öffnung einzeln zuzulöten!
Denn dann wären wir sie endlich los.

Um einen Blick in die Werkstatt der beiden Kabarettautoren Kurt Tucholsky und Erich Kästner zu versuchen, sollen zwei Zugänge gewählt werden, die einmal die zeitkritische Satire und zum anderen die erotisch motivierte Beziehungssatire beobachten.

---

175 W 2, 152

176 W 1, 141, weitere Beispiele und eine kritische Rezension in der Dissertation von Andreas Drouve: *Erich Kästner – Moralist mit doppeltem Boden*. Marburger Wissenschaftliche Beiträge Bd. 3, Marburg: Tectum 1993

177 In einer Zeit, in der Kästner bereits die Nazipropaganda um Euthanasie und ‚unwertes Leben' bekannt sein musste, ist sein zynischer Spaß kaum zu rechtfertigen, die Pointe mit dem Reimspiel ist makaber.

Annäherung 1[178]
Kurt Tucholsky
Sommerlied (1920)[179]

Musik: Hanns Eisler

Wenn der Sommer blaut,
wenn der Penner klaut,
wenn der Gastwirt stellt den Garten raus:
Pflanzt im Bumslokal
sich mit einem Mal
der beliebte Humorist vors volle Haus.
Und er tut als wie besoffen
und er murmelt schwer betroffen –
Schnedderedeng – den Refrain:
„Und ick immer mitn mit, mitn Schmidt, mitn mit,
und ick immer mitn mit, mitn Schmidt!"

Mancher Journalist
weiß genau, wies ist,
wenn der Umsturz alle Seelen faßt.
Und er sichert sich
leis und vorsichtig,
daß er nur den letzten Anschluß nicht verpaßt.
Der Zeitgeist pfeift. Der Zeitgeist lockt.
Und ganz gesiegt ist halb geschmockt. –
Schnedderedeng – im Refrain:
Und sie immer mitn mit, mitn Schmidt, mitn mit,
und sie immer mitn mit, mitn mit, mitn Schmidt!

---

178 Vgl. *Das Kurt Tucholsky Chanson Buch*, S.291ff. mit Widmung: :»*Für meinen alten Ernst, damit er sich nicht im Urlaub erholt, vom alten Klavierspieler.*«
Vortragshörbeispiele der genannten Chansonbeispiele im Text enthalten die Kurt Tucholsky CD des Lyrik-Bühne Duos (Vogel/Weigle) und die DVD der Lyrik-Bühne Matinee Erich Kästner (Vogel/Weigle), zu beziehen über www.lyrik-buehne.de

179 GW 4, Nr.121, S.246f.

> *Manches Volk ist blind,*
> *Fahnen wehn im Wind,*
> *Idealen geht die Farbe ab.*
> *Doch sie hängen dran –*
> *alle, Mann für Mann –*
> *haben nichts gelernt von Wilhelm bis zu Kapp.*
> *Führt auch Ludendorff sie in den Scheibenkleister:*
> *er bleibt doch der große deutsche Meister –*
> *Schnedderedeng – im Refrain:*
> *Und sie alle mitn mit, mitn Schmidt, mitn mit,*
> *und sie alle mitn mit, mitn mit, mitn Schmidt!*

Das 1920 entstandene politische Chanson *Sommerlied* zeigt eine für Tucholsky typische Dramaturgie seiner satirischen Inszenierung.[180]
Die dreistrophige Schrittfolge enthält eine raffinierte Dialektik und nuanciert das Thema des Mitläufers in der pointierten Veränderung des auch auf Vortragswirkung abgestimmten Refrains.
Die erste Strophe lockt humorvoll gauklerisch in eine Alltagswirklichkeit, die karikaturenhaft die Verdrängungsmentalität des Durchschnittsbürgers in Szene setzt. Gleichsam als Schwenck mit einer Filmkamera wird auf das „Wir" übergeblendet: das zeitgenössische oder gegenwärtige Publikum.
Man beachte die milieucharakterisierenden und ironisch / parodistisch nuancierenden Reim- und Sprachspiele: *Sommer blaut / Penner klaut // stellt den Garten raus / pflanzt sich vors volle Haus.*
Ein Wechselspiel zwischen der allmählichen Ausstattung der Szene mit Requisiten und der Milieucharakterisierung stimuliert die Neugier der Hörer, lässt die Szene zwielichtig erscheinen, die sich entlarvend im Verlauf der Strophen zuspitzt. Tucholskys Ausstattungsmittel sind:
Szenerie und Requisiten: Sommer-/Garten-/Lokal, Penner, Gastwirt, Humorist Milieufacettierung: Penner „klaut", „Bums"-Lokal, „besoffen"
Sprachspiel, Ironie: Sommer „blaut", „stellt den G. raus", „pflanzt sich

---

[180] Vgl. die entsprechenden Kapitel zum politischen Chanson und zur Satire in Tucholsky lesen., Kap. IX. S.158ff.

... vors volle Haus", „tut als wie besoffen"- „murmelt schwer betroffen", „Schnedderedeng – den Refrain" (Milieusprache/Dialekt „Schnedderedeng" / „ick" – Kommentarsprache „Humorist" / „Refrain").
Bildsprache, szenische Modellierung, ironische Kommentierung, karikierender Blick, Sprachkomik, ergänzt durch den musikalisch gesetzten Refrain:
„Und ick immer mitn mit" – „Und sie immer mitn mit" – „Und sie alle mitn mit" ... „mitn Schmidt!" markieren Tucholskys wirksame Rezeptionsmodellierung.
Die scheinbar harmlose Vereinnahmung des Publikums mit dem selbstironischen Spiel des Humoristen, den der vortragende Chansonnier geschickt im Kabarettvortrag nutzen kann, wird gesellschaftlich parodiert (1.Str.), karikiert als Mitläufer (2.Str.) und satirisch entlarvt als Mittäter (3. Str.).

Der Zeitgeist pfeift. Der Zeitgeist lockt. / Und halb gesiegt ist halb geschmockt.- // Schnedderedeng – im Refrain: ...
Dieses Mogelgesellschaftsspiel mündet in der 2. Strophe im Mitsingrefrain *Und sie immer mit`n mit....* Dieses listige Einvernehmen steigert sich zur politischen Stigmatisierung und provokanten Enttarnung reaktionärer bzw. faschistischer kollektiver Verhaltensmuster in der dritten Strophe *und sie alle mitn mit ....* Das scheinbar humorvoll begonnene Spiel, an dem man amüsiert teilnahm, wird plötzlich todernst, klärt sein Versteckspiel politisch auf. „Volk", das blind ist, – „Fahnen", „Ideale", denen „die Farbe abgeht" und „Mann für Mann", die daran „hängen": werden identifiziert durch die provokante Nennung der deutschen militaristischen Führer und Verführer: Wilhelm, Kapp, Ludendorff: das Kabinett der Korruption, die Totengräber der jungen Republik: „Schnedderedeng"!
Tucholskys Satire trifft nicht primär diese Verführer, sondern stellt auf raffinierte Weise die Verführten an den Pranger, will sie „betroffen" machen: Die Warnung zielt auf das Verhaltens- und Charaktermuster der Mitläufer, die sich selbst den politischen Verführern in die Hände spielen, ja sie legitimieren. Ein Charakteristikum politischen Verhaltens, das den Humoristen der ersten Strophe so „schwer betroffen macht": eine Betroffenheit über die reaktionäre bzw. später faschistische Besoffenheit des Volkes, aber auch jedes einzelnen: „sie alle", singulär und kollektiv.

Tucholskys Satire ist Aufklärung mit dialektischer List. In diesem Punkte ist Tucholsky Bertolt Brecht näher als Erich Kästner. Seine Kunst, die Mentalität der Angesprochenen, des Publikums, die Opfer, die auch zu Tätern werden, zu treffen, ihre seelische Gestimmtheit sprachtypisch und dramaturgisch in Szene zu setzen und das humoristische Mitspielen didaktisch, aufklärerisch verfremdend zu nutzen, zeichnet Tucholskys Begabung aus.

Tucholskys psychologisch humoristische Kunst wird wiederum für Erich Kästner Vorbild. Dieser jüngere Caféhausliterat und „Moralist", der ‚lyrische Reporter seiner Zeit'[181] und poetische Melancholiker gegen Ende der Weimarer Republik vermied in der Regel die strophische Kontrastierung von persönlichen und gesellschaftlichen Szenenbildern. Er modellierte lieber das Seelenleben oder die gesellschaftliche Etikette in eigenständigen lyrischen Studien. Dadurch überwiegt das eine Mal der sentimentale-melancholische Ton, das andere Mal der karikierend-satirische. Beide Kabarettautoren profilieren sich durch einen eigenen Brettl-Ton, der sich auch in ihrem Wirkungsprofil unterscheidet.

Beziehen wir unsere Betrachtung wieder auf Textbeispiele:
Annäherung 2

Erich Kästner
Das Eisenbahngleichnis (1931)[182],

Musik: Bert Grund

Wir sitzen alle im gleichen Zug
und reisen quer durch die Zeit.
Wir sehen hinaus. Wir sahen genug.
Wir fahren alle im gleichen Zug.
Und keiner weiß, wie weit.

---

181 Vgl. *Hermanns Kestens Laudatio auf Kästner in Ders., Meine Freunde die Poeten, München: Atrium Verlag 1959, S.353-390, [Tb. 1994]*
182 W1, S.209f.

Ein Nachbar schläft, ein andrer klagt,
ein dritter redet viel.
Stationen werden angesagt.
Der Zug, der durch die Jahre jagt,
kommt niemals an sein Ziel.

Wir packen aus. Wir packen ein.
Wir finden keinen Sinn.
Wo werden wir wohl morgen sein?
Der Schaffner schaut zur Tür herein
und lächelt vor sich hin.

Auch er weiß nicht, wohin er will.
Er schweigt und geht hinaus.
Da heult die Zugsirene schrill!
Der Zug fährt langsam und hält still.
Die Toten steigen aus.

Ein Kind steigt aus. Die Mutter schreit.
Die Toten stehen stumm
am Bahnsteig der Vergangenheit.
Der Zug fährt weiter, er jagt durch die Zeit,
und niemand weiß, warum.

Die 1. Klasse ist fast leer.
Ein feister Herr sitzt stolz
im roten Plüsch und atmet schwer.
Er ist allein und spürt das sehr.
Die Mehrheit sitzt auf Holz.

*Wir reisen alle im gleichen Zug
zur Gegenwart in spe.
Wir sehen hinaus. Wir sahen genug.
Wir sitzen alle im gleichen Zug
und viele im falschen Coupé.*

Führt Tucholsky im *Sommerlied* raffiniert das Publikum von einer harmlos beobachtenden Anteilnahme *Ick immer mit* über unbedarftes Mitspielen *Und sie immer mitn mit"* schließlich zu einer überraschenden kollektiven Mittäterschaft Und sie alle mitn mit, so sitzt bei Kästner das Publikum gleich mit im Boot bzw. -um im Bild des *Eisenbahngleichnisses zu bleiben- sitzen [wir] alle im gleichen Zug und reisen quer durch die Zeit*. Diese vereinnahmende Teilnahme schafft Intimität und Identifikation mit dem lyrischen Ich, dem personalen und zugleich auktorialen Autor. Wie die Überschrift („-gleichnis") bereits signalisiert, werden wir didaktisch gefordert, pädagogisch betreut, „unterwiesen". Die Mittel sind unterhaltend lyrisch, szenisch lebendig dargeboten. Die beobachtende und zugleich teilnehmende Perspektive ist identisch mit dem Kommentator und wirkt im kollektiven wir raffiniert vereinnahmend. Dabei wird das Gesehene psychisch und physisch bezogen auf die alters- und sozialtypischen Mitreisenden spezifiziert und gesellschaftlich auf die Zeitumstände bezogen.
Der eigentlich harmlose Vorgang der Eisenbahnfahrt berührt Schicksalhaftes, Existentielles: Vergangenheit, Gegenwart und Zukunft streifend, Leben und Tod einbeziehend, Konkretes und Metaphysisches, Seelisches und Gedankliches sowie Gesellschaftliches personifizierend. Es läuft eine Lebens- und Zeitreise, ein Panorama in Bilderszenen montiert vor den Mitreisenden und dem Publikum ab. Betroffenheit stellt sich durch ironische Distanzierung her. Die Verfremdung des Vertrauten bewirkt moralische Betroffenheit, die sich während der Schicksalsreise einstellt. Die Teilnahme wird zur Anteilnahme, verstärkt durch den begleitenden Kommentator, der als unsichtbarer Begleiter mitreist. Glücklicherweise weicht Kästner in der Regel der sentimentalen Verführung aus, indem er trotz seines moralischen Anliegens keine Therapie

anbietet. Es ist ein hoher Identifikationsgrad, den seine symptomatisch bebilderte und dramaturgisch in Szene gesetzte Zeitreise erreicht. Dieser unmittelbare gefühlstimulierende Nachvollzug schafft kritische Akzeptanz. Die Allgemeingültigkeit der Wirklichkeitsreferenz passt zum Moralisten, schränkt jedoch den zeitsatirischen Biss ein, provoziert politisch folgenlos.
Nehmen wir den Zeitbezug des Eisenbahngleichnisses ernst, so ist die pessimistische Perspektive apokalyptisch. Die bedrängende Zeitfrage „Wo werden wir wohl morgen sein?" macht betroffen, führt aber in die melancholische Sackgasse. Die gesellschaftliche Symptomatik konkretisiert sich allein in der „I. Klasse", diese gerät aber auch zu einem Mitleidseffekt in grotesker Rahmung.

Kästners Satiren, die er bis 1933 publizierte, vermeiden einen direkten Angriff auf die Nationalsozialisten und konkrete politische Ereignisse (vgl. *Frau Pichlers Ankunft im Himmel*, WB 14. 3. 1933[183]). Tucholskys Satire Rosen auf den Weg gestreut[184] z. B. entstand zeitgleich 1931 mit Kästners Das Eisenbahngleichnis, also bereits in einer Zeit der ernsthaften politischen Befürchtung[185]. Die ironische Distanz und satirische Provokation verwandelt sich bei Tucholsky zunehmend in eine Verzweiflungsprophetie. Der Verlust an Utopie initiiert eine apokalyptische Grundstimmung, führt zu Grenzerfahrungen im kabarettistischen Engagement des zum Äußersten entschlossenen Zeitkritikers der Weltbühne. Der politische Gegner diffamierte seine satirische Anklage als destruktiv. Tucholsky, der gekränkte Idealist, der zum depressiven Pessimisten zu mutieren droht, wird selbst posthum als Totengräber der Republik umgewertet, so z. B. von einem der einflussreichsten Wiener Literaturagenten Hans Weigel in seiner Rezension zu Tucholsky satirischer Abrechnung in *Deutschland, Deutschland über alles (1929)*.

Ich kenne kein deprimierenderes Buch als »Deutschland über alles« von Kurt Tucholsky. Denn da wird nicht der Militarismus, der Dünkel reaktionärer Rich-

---

183 W1, S.356, »Das Gedicht, das bereits in den Satzfahnen vorlag, konnte nicht mehr veröffentlicht werden, da die letzte Nummer der Wochenschrift von der Polizei beschlagnahmt wurde,« (ebenda, 486)
184 GW14, Nr.37, S.102, Kommentar 531f., vgl. Kap IV *»Küßt die Faschisten«* - Warnung vor dem Faschismus in Tucholsky lesen, S.50ff.
185 *Befürchtung* (1929), *Leere* (1930), vgl. Kap. X in *Tucholsky lesen*, S.174ff.

ter, der Übermut der Ämter, der offen tolerierte Nationalismus angeprangert, sondern Deutschland. Da wird in der republikanischen Ära ein Deutschlandbild entworfen, als ob damals schon Papen an der Macht und Hitler ante portas gewesen wäre, da wird nicht um Deutschland, sondern gegen Deutschland gekämpft und dadurch einer Entwicklung Vorschub geleistet, die Deutschland so werden ließ, wie es vorwegnehmend abgebildet wurde. Nicht gesunde Selbstkritik, sondern unsinnig übermäßige Selbstvernichtung, Mitwirkung am Untergang durch falsche Perspektiven.*[186]*

Perfider kann man die Rolle nicht umkehren: der Warner vor dem Faschismus wird zum Vorbereiter des Faschismus umgedeutet und angeklagt.

In einem Brief an Nuuna [Dr. Hedwig Müller] vom 16. 11. 1935, kurz vor seinem Selbstmord, bekennt Tucholsky:

Man muß den Menschen p o s i t i v kommen. Dazu muß man sie –trotz alledem- lieben. Wenn auch nicht den einzelnen Kulicke, so doch die Menschheit. Ich vermags nicht. Meine Abneigung gegen die Schinder ist viel größer als meine Liebe zu den Geschundenen – hier klafft eine Lücke.[187]

Erich Kästner weicht einer radikalen politischen Widerstandspositionierung in der Zeit der Machtergreifung und Bücherverbrennung aus, versucht erst im Nachhinein, nach dem Zusammenbruch 1945 eine solche Rolle zu konstituieren. Seine menschliche Haltung als human engagierter und zugleich mutloser Moralist, seine gesellschaftspolitische Selbstbescheidung aufgrund autobiographisch bedingter Zwänge und Ängste erleichtern ihm den literarischen Ausweg in die Kinder- und Jugendliteratur sowie in unverbindliche Unterhaltungsromane bzw. Drehbücher in der Zeit der inneren Emigration mit Tarnung unter Pseudonymen. Die Fallstricke seiner verborgenen Ängste konnte Tucholsky als einer der wenigen sensiblen Beobachter von Erich

---

186 Hans Weigel: *Das Land der Deutschen mit der Seele suchend. Bericht über eine ambivalente Beziehung.* Zürich 1983, 237f.

187 Kurt Tucholsky: *Die Q-Tagebücher 1934-1935*, Reinbek bei Hamburg 1978, S. 326, rororo tb 5604; GW20, 21

Kästner aufspüren, aber nicht diagnostizieren. So blieb sein Zuspruch *Ich wünsche ihm ein leichtes Leben und eine schwere Kunst* tragischer Weise bei Kästner nicht erfüllt.

Kästners Weg zum Kabarett blieb 1933 in einer Sackgasse stecken, die sich nach 1945 nur noch einmal ganz sporadisch in seinem pazifistischen Engagement publikumswirksam öffnete. Die Rolle des *aufgehörten Schriftstellers*, wie sich Tucholsky im Abschiedsbrief an Arnold Zweig vor seinem Freitod bezeichnete[188], und Kästners Bekenntnis *Ich bin ein blockierter Schriftsteller ohne ernst zu nehmende Arbeit*[189] sowie sein spätes Votum zu seiner inneren Emigration, er fürchte falsch gelebt zu haben[190], und schließlich die resignative Bilanz 1970 *als Schriftsteller im Ruhestand*[191] korrespondieren mit Tucholskys Abschied in erschreckender existentieller Tragik. .Beiden Melancholikern war innerlich die Rolle des gekränkten Idealisten eigen und auch des vereinsamten, öffentlich isolierten Zweiflers und Pessimisten: der eine als bekennender verzweifelter Humanist und widerständiger Warner und der andere als innerlich gescheiterter tragischer Moralist.[192]

Karikatur George Grosz »Über alles die Liebe«

---

188 GW21, .Nr. B155, S.470ff., *»An Arnold Zweig«*, 15.12.1935, hier S.478
189 Sven Hanuschek, *Erich Kästner*, Reinbek bei Hamburg: rowohls monographien 2013, S. 134
190 Ebenda, S. 133
191 Ebenda, S.134
192 Vgl. »Aus!« (1930) von Kurt Tucholsky, GW13, Nr.15, S..42 sowie »Mann am Spiegel«, GW10, Nr.7, S.25ff. (1928); im Vergleich »Ein Mann gibt Auskunft« von Erich Kästner, (1929) sowie »Große Zeiten« (1931), »Herbstliche Anekdote« (1948), »Kleines Solo« (1947) in Kästner *Gedichte* , W1 und W2.

Annäherung 3

Kurt Tucholsky betitelt seine *Frommen Gesänge* als Halb *erotisch – Halb politisch!*[193]
Wenn wir auf dieses gesellschaftlich frivole Kabarettgenre blicken, so zeigt sich bei dem bekannten Chanson *Ideal und Wirklichkeit*[194] eine schon im politischen Chanson als typischer Dreischritt angewandte Textdramaturgie, eine im Refrain eingespielte Transfiguration: vom persönlichen Ichbezug (1. Strophe) überzuleiten auf die verallgemeinerbare Alltags- oder Beziehungserfahrung (2. Strophe) und schließlich zum Transfer auf die gesellschaftliche, politische Kollektiverfahrung der politischen Gegenwart (3. Strophe), um von der Illusion zur Desillusion, vom Ideal zur Wirklichkeit, vom Persönlichen zum Gesellschaftlichen, vom verdrängten zum aufgeklärten Gedankengang zu provozieren.

> *Du präparierst dir im Gedankengange*
> *das, was du willst – und nachher kriegst dus nie ...*
> *//*
> *Nachher erliegst du dem verfluchten Hange,*
> *der Eile und der Phantasie.*
> *//*
> *Wir dachten unter kaiserlichem Zwange*
> *An eine Republik ... und nun ists die!*

In dieser Strophenkunst verknüpft Tucholsky in vielen Chansons auf bühnen- und publikumswirksame Weise seine Devise *Halb erotisch – Halb politisch!* Erich Kästner bearbeitet in der Regel diese beiden Perspektiven des Individuell-Intimen getrennt von dem Gesellschaftlich-Politischen.
Wir haben zum Vergleich der beiden Autoren in der erotischen Chansonsparte zwei Texte ausgesucht, die aus dem gleichen Jahr 1928 stammen. Beginnen wir diesmal mit Kästner und seiner *Polly oder das jähe Ende*.

---

193 Eine Abbildung des Einbandes der Originalausgabe in *Tucholsky lesen*, S.76
194 GW11, Nr.154, S.433f.

Erich Kästner
Polly oder das jähe Ende (ca. 1928)[195]

Sie war am ganzen Körper blond,
soweit sie Härchen hatte.
Bis zum Betthimmel reichte ihr Horizont.
Ihre Seele war scheinbar aus Watte.

Sie griff sich an wie teurer Velours
von der allerzartesten Sorte.
Sie war eine waagerechte Natur
und marschierte am liebsten am Orte.

Sie hatte den Mund auf dem rechten Fleck
und viele andere Schwächen.
Sie war das geborene Männerversteck,
zerbrechlich, doch nicht zu zerbrechen.

Noch ehe man klopfte, rief sie Herein
und fand die Natur ganz natürlich.
Doch manchmal wurde sie handgemein –
ich fürchte, ich bin zu ausführlich!

Wie dem auch sei, sie starb zum Schluß
(obwohl sich das nicht schickte)
bei einem komplizierten Kuß,
an welchem sie erstickte.

Das war sehr peinlich für den Mann.
Er pfiff, soviel ich glaube:

„Rasch tritt der Tod den Menschen an."
Dann machte er sich aus dem Staube.

---

195 G1, S.107f., s. *Kästner lesen.*, S. 150, 153, Vortrag: Lyrik-Bühne Duo Vogel / Weigle, Kästner – Matinee, Bezug unter: *www.lyrik-buehne.de*

Das Charakteristikum in Kästners Dramaturgie im Chanson *Polly oder das jähe Ende* liegt in der grotesken Situierung eines gesellschaftlich typischen Beziehungsmusters: der Konflikt einer sexuellen Frauenrollenemanzipation und das Schema des männlichen Konsums der Frau als Sexualobjekt. Die Rolle der selbstbewussten Hure auf der Kabarettbühne bietet reizvolle Voraussetzungen, das vergnügungssüchtige Erwartungsmuster zu bedienen und es zugleich überraschend zu verfremden.

Das tragisch-komische Verfremdungsspiel der Schlussstrophe legitimiert als satirische Zuspitzung den gesellschaftlichen Zynismus des Sexualkonsums. Kästner gelingt in diesem grotesken Bühnendrama eine seltene Montage aus knapp pointierter Unterhaltungskunst und einem Verfremdungsschock, der nicht sentimental entgleitet bzw. das satirische Konzept moralin untergräbt.

Kästners erotische Ausflüge enden zumeist in intimen Beziehungsspielen, deren Zweideutigkeit zu sentimentalisieren oder zynisch zu interpretieren drohen. Seelenstrips werden offenherzig inszeniert als grotesk zugespitzten Enthüllungsmonologe bzw. –dialoge oder enden in melancholischer Seelenlage. Seine Milieukenntnis bzw. seine autobiographische Erfahrung geben dieser Kabarettlyrik Glaubwürdigkeit. Sie forcieren keinen voyeuristischen Blick bzw. verhindern die exhibitionistische Perspektive.

Annäherung 4

Kurt Tucholsky
Liebespaar am Fenster (1928)[196]

Dies ist ein Sonntag vormittag;
wir lehnen so zum Spaße
leicht ermüdet zum Fenster hinaus
und sehen auf die Straße.

---

[196] GA10, Nr.169, S.483f., Vortragsaufnahme auf CD „Ja, das möchste..." Texte und Chansons von Kurt Tucholsky. Lyrik-Bühne Duo Vogel / Weigle. Bezug unter www.lyrik-buehne.de

Die Sonne scheint. Das Leben rinnt.
Ein kleiner Hund, ein dickes Kind ...
Wir haben uns gefunden
für Tage, Wochen, Monate
    und für Stunden – für Stunden.

Ich, der Mann, denke mir nichts.
Heut kann ich zu Hause bleiben,
heute geh ich nicht ins Büro –
... an die Steuer muß ich noch schreiben ...
Wieviel Uhr? Ich weiß nicht genau.
    Sie ist zu mir wie eine Frau,
    ich fühl mich ihr verbunden
    für Tage, Wochen, Monate
        und für Stunden – für Stunden.

Ich, die Frau, bin gern bei ihm.
Von Heiraten wird nicht gesprochen.
Aber eines Tages will ich ihn mir
ganz und gar unterjochen.
    Die Dicke, daneben auf ihrem Balkon,
    gibt ihrem Kinde einen Bonbon
    und spielt mit ihren Hunden ...
    So soll mein Leben auch einmal sein -
        und nicht nur für Stunden – für Stunden.

Von Kopf zu Kopf umfließt uns ein Strom;
noch sind wir ein Abenteuer.
Eines Tages trennen wir uns,
eine andere kommt ... ein neuer ...
    Oder wir bleiben für immer zusammen;
    dann erlöschen die großen Flammen,

Gewohnheit wird, was Liebe war.
Und nur in seltenen Sekunden
blitzt Erinnerung auf an ein schönes Jahr,
und an Stunden – an glückliche Stunden.

Tucholsky spielt wieder mit einem Perspektivenwechsel, der eine dialektische Kontrastbildung von Innen- und Außensicht, von männlicher und weiblicher Ritualisierung des Partnerspiels, von intim-persönlicher und gesellschaftlicher Wahrnehmung, von situativer und repräsentativer Modellierung, von ironischer und bekennerhafter Einlassung inszeniert. Und dies mit den äußerst knappen Anspielungen, Einspielungen und in der Kunst der kalkulierten Auslassungen. Die Perfektion der Pointen und die sinnliche Prägnanz der szenischen Ausschnitte verdichten die Wirkung des Chansons zu einer lebenskonzeptionellen Ansprache, ohne es in seiner unterhaltsamen Leichtigkeit zu belasten. Obwohl sich Tucholsky scheinbar auf ein erotisches Beziehungsdrama einlässt, bleibt bei ihm neben der psychologischen Stilisierung die gesellschaftliche Notierung seines Themas offensichtlich.

Halb erotisch, halb politisch – hier wird ein Spiel mit Nähe und Distanz, Anzüglichkeit und ironischer Verfremdung, mit Bekenntnis und Kritik vorgeführt. Auch in den knappsten Vortragssequenzen gelingt Tucholsky das anspielungsreiche Spiel mit den Widersprüchen: seinen eigenen und den beobachteten, erotisch bzw. politisch motivierten.

Kästner gewinnt diese entlarvende Distanz nicht in gleicher Weise. Der *Chor der Girls*[197] zum Beispiel wirkt verzwungen satirisch aufgespießt, die entfremdete Situation der Nachttänzerinnen wirkt ohne dialektische Spiegelungen klischeehaft, eine Überraschungspointe fehlt, die Schlussstrophe klingt lapidar schlagerhaft aus.[198]

---

197 W1. S.105f. (1928)

198 Vergleichbare Titel u. a. »Das Gebet einer Jungfrau« (G1, S.108f.); »Hochzeitmachen« (G1, S.98); »Ein Fräulein beklagt sich bitter« (G1, S.79f.); »Ein Beispiel von ewiger Liebe« (G1, S.201f.

Wir können nur in Reih und Glied
Und gar nicht anders tanzen.
Wir sind fast ohne Unterschied
Und tanzen nur im ganzen.
[...]
Bald fahren wir nach Übersee,
ab Hamburg an der Elbe.
Die Zeit vergeht. Das Herz tut weh.
Wir tanzen stets dasselbe.

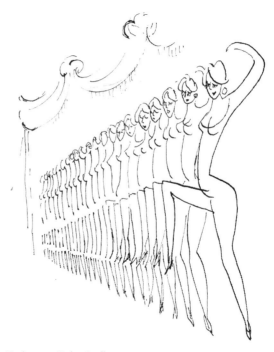

Kästner »Chor der Girls« mit Karikatur von Herbert Sandberg

In Kästners Versuchen, tabubrechend sehr persönliche intime Lebensbereiche parodistisch oder satirisch in ihrer Tragik zu entlarven oder zu karikieren, gelingt dann, wenn er die bloßgestellte Naivität, von ihm auch gerne als Dummheit gebrandmarkt, nicht banalisiert oder unglaubwürdig übertreibend verharmlost. Ein Beispiel:

Erich Kästner
Lob der Volksvertreter (1928)[199]

Man hält sie, wenn sie schweigen, für Gelehrte.
Nur ist das Schweigen gar nicht ihre Art.
Sie haben vor der Brust Apostelbärte
und auf den Eisenbahnen freie Fahrt.

Ihr seht sie eilends in den Reichstag schreiten.
Das Wohl des Volkes fördert ihren Gang.
Und würdet Ihr sie noch ein Stück begleiten,
dann merket Ihr: sie gehen ins Restaurant.

Sie fürchten Spott, sonst nichts auf dieser Welt!
Und wenn sie etwas tun, dann sind es Fehler.
Es ist, zum Glück, nicht alles Hund, was bellt.
Sie fürchten nur die Wahl und nicht die Wähler.

Ihr Leben währet zirka siebzig Jahre,
und wenn es hochkommt -. Doch das tut es nie!
Das Volk steht auf vor jedem grauen Haare.
Das wissen sie.
Das Volk steht immer auf!

Hier gelingt die parodistische Leichtigkeit, das leichte komödiantische Gepäck ist zwar nicht aufregend, aber erleichternd amüsant.
Überzeugen kann der humoristische Seelendoktor auch in der Rolle des Moralisten, wenn er kritisch glossiert, ironisch entlarvt und tragikomisch

---
[199] W1, S.68f.

parodiert, grotesken Humor in Szene setzt und dabei eine zu gleichförmige Entfaltung von Lebensunzulänglichkeiten vermeidet. Wenn der Humorist die parodierten Widersprüche auch noch dialektisch gewürzt anbietet, ist ihm der Beifall auch der kritischen Rezensenten gewiss. Ein solches Beispiel ist Kästners Satire *Der Handstand auf der Loreley (1932)*[200], die Heines ironisches Poem *Die Loreley* von 1823 glossiert.

Warum gelang Kästner diese gesellschaftliche aufrüttelnde Relevanz so selten? Vielleicht ist Kästner selbst zu sehr in seiner eigenen Lebenstragik, den Versäumnissen, Sehnsüchten sowie Ängsten verstrickt, als dass er die Rolle des souveränen Moralisten und Lehrmeisters in satirischem und parodistischem Gewand in bedrohter Zeit nur ausweichend spielen konnte. Den Mut zu fordern und ihn nicht selbst einzulösen, die Liebe als verroht darzustellen und eigene Bindungsangst zu verschleiern, das hält ein so sensibler Idealist und Suchender wie Erich Kästner nur schwer aus. Diese innere Seelenlage behindert ein befreites kämpferisch couragiertes Schreiben.

Tucholsky reagierte anders, auch wenn er nicht weniger von Lebenssüchten und Sehnsüchten und am Ende von Verfolgungs- und Einsamkeitsängsten bedrängt wurde. Ein befreites Leben im Exil blieb ihm versagt. Doch besaß er konsequent bis zum bitteren selbstgewählten Ende die Kraft, seine eigenen Widersprüche sowie die der Zeitverhältnisse ungeschminkt anzusprechen und zu durchleuchten Tucholsky besaß eine Souveränität, Nähe und Distanz im Leben literarisch zu balancieren, mit spielerischer Leichtigkeit, mit intellektueller Schärfe und sensiblen Esprit zu gestalten. *Lerne lachen ohne zu weinen*[201], hinter diesem Motto seines Gedichtbandes versteckt sich sein wahres Lebensmotto. Tucholsky blieb nur die *Sehnsucht nach der Sehnsucht*[202], die Erfüllung blieb nur *für Stunden, für Stunden*.[203]

---

200 W1, S.182, vgl. Kästner lesen (2013), S.91

201 *Titel seines Gedichtbandes von 1931*

202 *Titel eines Gedichtes GA3, Nr. 72, S.179f.*

203 *Vgl. das besprochene Chanson »Liebespaar am Fenster«*

Das literarische Spielfeld engte sich am Ende auf das Briefeschreiben ein, das sein existentielles Dilemma dokumentiert.
Ich habe das Lachen des Clowns, aber innen weint es.[204]

Zwei engagierte und für die Kabarettbühne begabte und erfolgreiche Schriftsteller mit unterschiedlicher zeitkritischer Nähe, Schärfe und thematischer Vielfalt scheitern sowohl an der faschistischen Herausforderung als auch an der unterschiedlich geprägten persönlichen Widerstandskraft, behalten aber bis in unsere Gegenwart ihre faszinierende Aktualität und unterhaltsam-nachdenklich machende Wirkungskraft.[205]

Ein Abgesang und Cabaret-Musik Essay

Kurt Tucholsky an Kate Kühl

Fjalltorp Läggasta
Schweden   *16–9–29*

Liebe Kulicke,
schönen Dank für den netten Brief und Dank für den Dank. Na-vajessen hab ick Ihnen nicht. Also da ist es so:
Ich sitze hier oben in der Stille und arbeite-darunter auch Chansons. Ich habe noch kaum etwas herausgeschickt ... ich weiß nicht einmal, ob ichs überhaupt

---

204 Claire Goll notiert dieses Tucholskyzitat in ihrem Tagebuch. Vgl. Kurt Tucholsky: *Briefe, Auswahl 1913 bis 1945*, hrsg. von Roland Links, Berlin 1983, S.276. S. auch Vogel, *Tucholsky lesen*, a.a.O , Kap. 10 »Befürchtung« - Schreiben/Leben gegen die Angst, S.174ff. und Roland Links: »*Kurt Tucholsky – die Tragik des »tragischen Dichters«*, in: Helmut Müssener (Hrsg.): *Anti-Kriegsliteratur zwischen den Kriegen (1919-1939) in Deutschland und Schweden*, Stockholm 1987, S.81ff.

205 Weiterführende Texte, Hinweise und Erläuterungen zu Tucholskys und Kästners Einlassungen zum Thema Satire und Kabarett vgl. die Überblicksdarstellungen u.a. von Volker Kühn: »*Eine unglückliche Liebe*«. *Kurt Tucholsky und das Kabarett*. In: Gustav Huonker (Hg.): *Kurt Tucholsky. »Liebe Winternuuna, liebes Hasenfritzli". Ein Zürcher Briefwechsel*. Begleitband zur Strauhofausstellung zum 100. Geburtstag in Zürich. Reihe Strauhof Bd. 4, Zürich 1990, 75ff ., ebenso im Tagungsband der Kurt Tucholsky Gesellschaft zum Thema »*Kabarett und Freundschaft bei Kurt Tucholsky*« Berlin 1999, a.a.O. S.49ff. und »*Kleiner Mann, zwischen den Stühlen, gibt zu bedenken*«. *Erich Kästner und das Kabarett*. In: Manfred Wegner (Hg.): *Die Zeit fährt Auto. Erich Kästner zum 100. Geburtstag*. Ausstellungskatalog. Berlin 1999, 91ff.; Weitere Literatur im Lexikon des Kabaretts, hrsg. von Klaus Budzinski und Reinhard Hippen, Stuttgart: Metzler 2000

tun soll, Selbstamusement ist auch ganz schön. Ich muß Ihnen eine Beichte ablegen:
Vom Cabaret habe ich mich-wie vom Theater-fast ganz zurückgezogen und zwar aus einem ganz bestimmten Grunde. Es ist nicht nur die Sache mit der „Marie" - obgleich sie mich dicken, gutmütigen Mann nun wirklich dahin bekommen haben, nur noch gegen Kasse (prae) abzugeben -ich brauche wohl nicht hinzuzusetzen, daß das nichts mit uns zu tun hat. Nein, das Geld und die Unzuverlässigkeit allein ist es nicht.
Es ist vor allem dies:
Ich gebe einen Text heraus. Ich höre ihn, sagen wir: leise, gedehnt, ganz zart, fein. Nun kann der Schauspieler sagen: „Also das will ich nicht. Ich mag solche Texte nicht - außerdem ist der da mißglückt." Das ist sein Recht. Noch niemals habe ich mich mit irgendwem zerzankt, weil er was von mir nicht hat haben wollen. Soweit gut. Aber nehmen, Kulicke, und denn komm ick hin: und da steht einer und hat sich vielleicht eine Ritterrüstung angezogen und bläst den Text durch ein Megaphon ... ich muß schon sagen ... Und darum mag ich kaum noch.
Immerhin: An was haben Gnädige Frau denn gedacht? Sie haben mir schon oft gute und wirkungsvolle Tips gegeben – manchmal genügt ein einziges Wort und es sitzt. Wenn Sie wieder so was haben – dann her zu mir. Wenn Sie „Herr Doktor" schreiben – höre ich das mit Ihrer schönsten, tiefsten Stimme ... Mitte Oktober komme ich in die Residenz – da wollen wir doch einmal einen heben – wie gehabt: bei Türke. Oder heißt das gar nicht mehr so-?
Mit vielen schönen Grüßen

wie immer

Ihr alter

Tucho

Die Staatsanwälte? Die reagieren ihr Liebesleben im Gerichtssaal ab.

Weißt du noch, Kate, wie du bei den Proben Blut und Wasser schwitzen mußtest und ich nicht locker ließ, um deine sechsundvierzig Hände und Füße unter Kontrolle zu kriegen? Weißt du noch, wie du verzweifelt nach Kognak riefst, als du so gut wie fertig warst und ich immer noch nicht zufrieden war? Gib zu, so herrlich war's nie wieder! Und dann das schönste deiner Lieder, Tucholskys „Dorfschöne"

*Wehn im Winde meine blauen Röcke, meine Röcke, meine Röcke,
sind die Jungens alle wie die Böcke –
wie die Böcke–meck–meck ...*

*und auch „Ich steh angelehnt, immer angelehnt, immer angelehnt an der Wand". Ich sehe uns noch auf der Probe: Bleib fest mit beiden Armen an der Wand, Kate, erst beim letzten Vers: „Gestern abend, als die Vöglein sangen-sangen-sangen, kam ein Mann die Straße lang gegangen ...", geh langsam nach vorn und breite die Arme weit aus bei: „nie mehr angelehnt, nie mehr angelehnt ...!"
Du wirst dich noch erinnern, nach all den vielen Jahren, an den Jubel, der dich um brauste, ich war sehr stolz auf dich!*

Trude Hesterberg, „Was ich noch sagen wollte", Berlin 1971

Trude Hesterberg

Kate Kühl

Kurt Tucholsky
Lamento (1931)[206]

Der deutsche Mann
      Mann
           Mann –
das ist der unverstandene Mann.
  Er hat ein Geschäft, und er hat eine Pflicht.
  Er hat einen Sitz im Oberamtsgericht.
  Er hat auch eine Frau – das weiß er aber nicht ...
  Er sagt: »Mein liebes Kind ...« und ist sonst ganz vergnügt –
  Er ist ein Mann. Und das
                    genügt.

Der deutsche Mann
      Mann
           Mann –
das ist der unverstandene Mann.
  Die Frau versteht ja doch nichts, von dem, was ihn quält.
  Die Frau ist dazu da, daß sie die Kragen zählt.
  Die Frau ist daran schuld, wenn ihm ein Hemdknopf fehlt ...
  Und kommt es einmal vor, daß er die Frau betrügt -:
  Er ist ein Mann. Und das
                    genügt.

Der deutsche Mann
      Mann
           Mann –
das ist der unverstandene Mann.
  Er gibt sich nicht viel Mühe, wenn er die Fraun umgirrt.
  Und kriegt er nicht die eine, kommt die andere angeschwirrt.

---
[206] GW14, Nr.2, S.9ff. in der WB 1.1.1931; aufgenommen im Gedichtband »Lerne lachen ohne zu weinen« unter dem Titel »Die Frau spricht. 4. Lamento«

Daher der deutsche Mann denn stets befriedigt wird ...
Hauptsache ist, daß sie bequem und sich gehorsam fügt.
Denn er ist Mann. Und das
                    genügt.

Der deutsche Mann
    Mann
        Mann –
das ist der unverstandene Mann.
    Er flirtet nicht mit seiner Frau. Er kauft ihr doch den Hut!
    Sie sieht ihn von der Seite an, wenn er so schnarchend ruht.
    Ein kleines bißchen Zärtlichkeit – und alles wäre gut ...
        Er ist ein Beamter der Liebe. Er läßt sich gehen.
        Er hat sie doch geheiratet – was soll jetzt noch geschehn?
        Der Mensch, der soll nicht scheiden, was Gott
                            zusammenfügt ...
    Er ist ein Mann. Und das
                    genügt.

Friedrich Holländer

Friedrich Hollaender
Cabaret[207]

Das Cabaret, von allzu seriösen Vollbärten gern als die unterernährte Milchschwester der redenden Kunst ausgegeben, ist eher das fröhliche Kind einer elften Muse, die es in losen Liebschaften mit dem Theater, dem Varieté, der politischen Tribüne gezeugt. Nicht weniger ernst als seine drei Väter, denen schärfste Kritik ihre Sendung dauernd beglaubigt, möchte es doch durchsichtiger, schwereloser erscheinen; aber auch ungebärdiger, was daran liegen mag, daß es oft genug in die Hände unqualifizierter Erzieher gerät, die seinen Lebensweg durch den Stempel ihrer eignen Leichtfertigkeit von Zeit zu Zeit verdunkeln. [...]

Sprechen wir aber vom gezügelten Cabaret, das seiner spöttischen Mission getreu, wie eine Seifenblase über den Dingen dieses schwer zu lebenden Lebens schwebt, sie boshaft oder zärtlich wiederspiegelnd, ihre Valeurs durch spielerische Farb- und Lichteffekte bald übermächtig verzerrend, bald auf das Diminutiv zurückschraubend, das ihnen in Wahrheit zusteht. „Cabaret" heißen in Kopenhagen die bunten Schüsseln in den Restaurants, die dem Schnellschmeckergaumen hunderterlei Anregung in konzentriertester Form antragen. Wo soll er zugreifen? Wie sichert er sich von allem eine Probe? Und ehe er auf den zauberhaften Geschmack dieser raffinierten Kurzkosterei kommt, ist die Schüssel abserviert und hinterläßt, außer einer kleinen Symphonie appetitlichster Gerüche, die herrliche, nicht zu Ende befriedigende Sehnsucht, ohne die wir nicht leben könnten.

Das ist das Geheimnis des Cabarets. Der aphoristische Roman, das schnell abgebrannte Drama unsrer Tage, das Zweiminutenlied der Zeit, Süßigkeit der Liebe, der Herzschlag der Arbeitslosigkeit, die Fassungslosigkeit einer Politik, die Uniform des billigen Vergnügens – alles ohne die Ermüdung von fünf Akten, drei Bänden, tausend Kilogramm Psychologie – in Gestalt einer Pille, die mitunter bitter sein darf. Wer hat sich je an einem Feuerwerk sattgesehen?

Diese gedrängte Gestaltungsform verlangt nach eignen Gesetzen nicht nur das rasch zupackende Wort, die schnell greifbare Gebärde, sie erfordert gebieterisch

---

[207] Die Weltbühne, 28 Jhg., Nr. 5 vom 2. 2. 1932, S.169ff. Vgl. eine gekürzte Fassung in: *Das Kurt Tucholsky Chanson Buch*, Texte und Noten. Hrsg. von Mary Gerold-Tucholsky und Hans Georg Heepe. Reinbek bei Hamburg: Rowohlt 1983, S. 116

die aufreizende, die kurze, die enthüllende, die essenzielle Musik, sie muß in Rhythmus und Kolorit in Melodieführung und Dramatik sofort, blitzartig das Grundsätzliche aufreißen, sie darf sich keine Zeit lassen zu Entwicklung und Aufbau; so wie sie herunterbrennt, muß sie geboren sein; ihr Stimmungsgehalt muß in ihren ersten Takten da sein, ihre Entfaltungsmöglichkeit liegt – im ersten Chanson - im kurzgespannten Bogen einer entflammenden Dramatik, - im heitern Chanson: in der tödlich sicher sitzenden Pointe, die – dem Wortwitz verschmiedet – wie ein auf kürzeste Entfernung abgeschnellter Pfeil treffen soll. Sie ist in ihrem Geschmack naturgemäß der Zeit, in der sie lebt, untertan; was dem Wolzogenschen Überbrettl in seiner bürgerlichen Romantik recht war, wäre dem politischen Cabaret von heute billig. Die elf Scharfrichter in München mit ihrer modischen Gruselmusik konnten damals dem Publikum, in dem sie ihre Delinquenten sahen, ein Halskitzeln verursachen, das in unsern Tagen höchstens einen Hustenanreiz entlockt.
[...]
Ein Cabaret ohne Angriffsfreudigkeit, ohne Kampflust ist lebensunfähig. Es ist das gegebene Schlachtfeld, auf dem mit den einzig sauberen Waffen geschliffener Worte und geladener Musik jene mörderischen aus Eisen in die Flucht geschlagen werden können.
[...] Der Effekt, der im Cabaret aus den Stimmungskontrasten gezogen wird, ist wirklich unüberbietbar; [...] man kann den gesunden seelischen Schock ermessen, den ein zwischen zwei parodistischen Lustigkeiten hingepfeffertes soziales Chanson auslösen kann; hier kann – wie nirgendwo anders – unter dem Deckmantel entspannender Abendunterhaltung plötzlich eine Giftoblade verabreicht werden, die suggestiv eingegeben und hastig verschluckt, weit über den harmlosen Abend hinaus das gemütlich rollende Gehirn zum Denken aufreizt. Musik als Verführerin, sie schafft es immer, wenn sie Magie im Leibe hat: als Choral der Kirche, als Militärmusik vor der Kompanie, als Anklage auf dem Podium.
  Das ist das eine Profil der Musik im Cabaret. Ihr andres ist der Witz. Nicht ist gemeint jener billige Witz als Selbstzweck, der musikalische Kalauer, der aus dem Hörer ein Lachen herausschüttelt, dessen er sich später schämt. Sondern der königliche Witz, der in der liebevollen Verspottung allzu menschlicher Schwächen jenem das Bewußtsein seiner Stärke wiedergibt. Davon wird er auf

dem Heimweg froh. Jedem, dem es etwa in dieser Zeit der Moden und Rekorde einmal passiert, gelegentlich snobistischer als der Snob, verschmockter als der Schmock, verliebter als Goethes Werther zu sein, wird sein Steckenpferd aufs lustigste vorgeritten, und er darf dabeisitzen und sich als Reiter sehen.

Da muß nun die malende Musik, wenn sie karikierend Personen, Dinge, Gewohnheiten, Alltägliches fassen und pünktlich auf die Sekunde ins Ziel gehen soll, durchaus superlativ sein; das heißt: sie soll vom Kranken das Kränkste, vom Geschwätzigen das Geschwätzigste, vom Perversen das Perverseste, vom Geizigen das Sparsamste in sich tragen und ausdrücken. [...]

Die parodistische Entlarvung einer Substanz geschieht am schlagendsten durch Aufzeigung ihrer Armseligkeit, oder ihres vorgetäuschten Überschusses, beide Male durch Unterstreichung.

[...]

Kurt Tucholsky
***Berliner Cabarets (1913)*[208]**

Am Klavier: Rudolf Nelson. Die wippenden, gleitenden, koketten Refrains dieser Lieder «perlen» über die Tasten, kaum bewegen sich seine Finger, aber da, wo der Kehrreim einzusetzen hat (Ritardando ... im Druck steht eine Fermate), fühlt man seine Freude am Schlager, an seinem gefälligen leichten Rhythmus. Er sitzt am Klavier, und man begreift die Bedeutung und die Wichtigkeit eines Chanson-Refrains.
[...][209]

Rudolf Nelson

---

208 GW 1, Nr.84, S.151ff., SB [Die Schaubühne] 6.3.1913
209 Ebenda S. 151

Claire Waldoff

Die Waldoff. ...
Jene steht da, mit hängenden Armen (das hat sie gelernt), mit stillvergnügtem Gesicht (das hat sie gelernt), und singt (das hat sie nicht gelernt). Ihre Technik ist unmöglich und unübertragbar, es ist wie beim Girardi: Hunderte machen das nach, und man kann vielleicht sagen, daß so ein neuer Stil entstanden ist. Aber erreicht wird es von niemand. Wer steht so wie sie, den Kopf leicht und schief nach hinten über, die eine Augenbraue hochgerutscht, der linke Mundwinkel nach unten verzogen: «'ne duufte Stadt is mein Berlin!» Sprichts, angetan mit glattem schwarzen Kleid und weißem Klappkragen, und macht eine ungezogene Verbeugung wie ein Junge. Vielleicht ist es das Höchste an Humor, der so gelassen und unberührt an allen Dingen vorüberschreitet und sie alle gleich verächtlich als Inkarnationen gleichgültiger Ideen abtut. Man muß sie das Wort «Frühling» sagen hören: ein kleiner Seitenblick nach unten, und hunderte von Sentiments gehen dabei flöten. Sie bemüht sich gar nicht, sie nennt ihre Anbeter objektiv «farickt», aber man glaubt es ihr; in keinem Unterton ist eine geheime Freude, doch so viel Wirkung auf die Männer auszuüben. Wir vergessen bei dieser ein wenig spöttischen Darstellung, daß es sich um eine der beiden großen Quadern handelt, auf denen, nach Schiller, die Welt ruht ... Humor ist eine Kontrastwirkung. Sie geht gleichgültig mit den Angelegenheiten um, die andern die Köpfe und die Beine und die Portemonaies verdrehen, sie registriert kopfschüttelnd wie der liebe Herrgott auf seinem Thron: «Wenn das Bräutijam mit dea Braut ...» Sie ist so sehr Berlin: man weiß nicht recht, ob sie in den allertiefsten Tiefen nicht doch noch schüchtern ist und sich durch Keckheit eine Überlegenheit verschafft; die Refrains rutschen ihr über die Flapperlippe und mit verachtungsvoll herabgezogenen Schultern gibt sie das Gottesbild einer flapsigen Jungfräulichkeit: «Mit meene Beene machen Sie die Zicken nich ...». Darin besteht ihre Hauptwirkung,

Witze, zugespitzte Bonmots verpuffen. Wortspiele, Geiststreicheleien … alles unmöglich. [...]
Es gab da eine etwas merkwürdige Situation, sie strichen ihr die Schlußpointe. Ich sehe noch, wie sie statt ihrer irgend einen harmlosen Unsinn sang, die Augen frech nach oben verdreht, sodaß man das Bläulich-weiße sah, schadenfroh grinste sie ins Publikum, ihre Unschuld war gedeckt, was sie anginge, so sei sie ein unbeschriebenes Blatt, und für Pointelosigkeit käme sie nicht auf. Aber es war doch so viel frecher als das erste Mal. Und es bleibt die Erinnerung an ein dunkelgefärbtes U, an einen Konsonanten, der aus den Tiefen eines zusammengezogenen Halses herausquoll, gedrückt, gequetscht, und die spottende Schadenfreude, mit der sie den kleinen Kadetten, die Braut, Herrn Lehmann und uns alle abtut:
«… und hat es doch nicht erreicht,
Ja, lieben ist nicht so llleicht!»[210]

---

210 Ebenda S.152ff.

»Soldaten sind Mörder«

Tucholskys Artikel *Der bewachte Kriegsschauplatz* in der *»Weltbühne«* (1931). Sachtext und literarische Satire.[211]
Diskurs und didaktisches Arrangement
unter Mitarbeit von Michael Gans

»Soldaten sind Mörder« ist ein bis heute aus unterschiedlichen Motiven und Interessen gebrauchter bzw. zitierter Satz, um den sachlich, politisch und juristisch gestritten wird. Die Rezeptionsgeschichte dieses Satzes und seines zugehörigen Bezugstextes »Der bewachte Kriegsschauplatz« in der »Wochenschrift für Politik-Kunst-Wirtschaft: Die Weltbühne« weist auf einen Text, der als journalistischer und politischer Beitrag gelesen und diskutiert wurde und zugleich sich als literarisch raffiniert gestalteter Prosatext des Schriftstellers und Journalisten Dr. jur. Kurt Tucholsky qualifiziert.

Die immer wieder erregte öffentliche und mediale Diskussion sowie die höchstrichterliche Auslegung in der Weimarer Republik und bis in die Nachkriegszeit in der Bundesrepublik beweisen die diskursive Brisanz des Textes und Satzes und können daher den medienspezifischen und gesellschaftsrelevanten Stellenwert begründen. Da die Kontextquellenlage sehr übersichtlich und zugänglich ist, werden auch die medienspezifischen Zugänge in unserem Beitrag didaktisch umsetzbar. Wir können in diesem Band nur eingeschränkt darauf verweisen. Dies wird ausgeglichen durch eine digitale Repräsentation des didaktischen Konzeptionsangebots. (Vgl. das Downloadangebot im Anhang auch mit Hinweisen zum zeitgeschichtlichen Hintergrund und Kontext).[212]

---

211 Der Beitrag ist ein zusammen mit Michael Gans erweiterter Beitrag für die Festschrift von Karlheinz Fingerhut: Martin Fix/Roland Jost (Hrsg.): Sachtexte im Deutschunterricht. Baltmannsweiler: Schneider Verlag Hohengehren 2005 (3. Auflage 2013), S.181ff. mit einem erweiterten Power Point Downloadangebot für ein didaktisches Arrangement im Deutschunterricht (s. Anhang)

212 Grundlegend sei verwiesen auf Michael Hepp/Viktor Otto (Hrsg.): »Soldaten sind Mörder« Dokumentation einer Debatte 1931-1996. Berlin: Links 1996, dazu die Zitatendokumentation im Zusammenhang mit dem Prozess 1932 hrsg. von Dies. (Hrsg.) im Auftrag der Kurt Tucholsky-Gesellschaft Berlin o. J. ; zur allgemeinen Debatte: Schriftenreihe der Kurt Tucholsky-Gesellschaft Bd. 4 Dokumentation der Tagung 2007 »Der Antimilitarist und Pazifist Tucholsky«, hrsg. von Friedhelm Greis und Ian King, St. Ingbert: Röhrig Universitätsverlag 2008

1. Der Autor: Schriftsteller und Journalist

Kurt Tucholsky, als politischer Schriftsteller schreibt in der »Weltbühne« für die Weltbühne. Sein politischer Journalismus, den er als promovierter Jurist in der Rolle des Gerichtsbeobachters[213] bereits satirisch mit Artikeln über die parteiliche Rechtsprechung in der Weimarer Republik gewürzt und provokativ zugespitzt hatte, qualifizierte sich von Anfang an durch sein literarisches Niveau. Tucholsky entsprach damit dem intellektuell und ästhetisch anspruchsvollen Magazins, das zeitnah und zugleich grundsätzlich den gesellschaftlichen und kulturellen Diskurs beeinflussen wollte. Das durch die Wochenzeitschrift vorgegebene Artikelformat erforderte in hohem Masse eine knappe pointierte thematische Zielführung bei gleichzeitiger kompetenter politischer Recherche und eine engagierte Kommentierung sowie eine literarisch durchgestaltete Schreibe, die aktuelle Themen und zeitgeschichtliche Ereignisse essayistisch aufarbeitete und provokant satirisch präsentierte. Dafür war Tucholsky prädestiniert und vorbildhaft für die Redaktion. Tucholsky war kosmopolitisch orientiert, links und doch wertkonservativ, tagespolitisch engagiert, doch parteienunabhängig. Aktiv in der pazifistischen »Nie wieder Krieg« - Bewegung nach dem I. Weltkrieg suchte Tucholsky anfangs Annäherungen an politische und weltanschauliche Strömungen, trat aber als assimilierter jüdischer Deutscher aus dem Judentum und als den Grundrechten verpflichteter, Kompromisse hassender Menschenrechtler auch aus der Sozialdemokratie aus und vermied trotz sondierender Annäherungen (an Katholiken sowie an Kommunisten) andere Mitgliedschaften. Sehnsucht nach Lösungen, Veränderungen und Reformen und vor allem der Kampf um eine neue Gesinnungsethik verführte ihn nie zu Anpassung und kompromisslerischen Taktieren. Daher fand er keine Heimat in einer gesellschaftlich relevanten Gruppierung.[214]

---

213 Vgl. die Tucholsky Anthologien hrsg. von Richard von Soldenhoff: »Justitia schwooft!« und »Unser Militär«, Frankfurt am Main: Büchergilde Gutenberg 1983; vgl. auch das Tagungsheft 1997 der Kurt Tucholsky Gesellschaft hrsg. von Michael Hepp: »Tucholsky und die Justiz«, Oldenburg: bis 1998 (Begleitheft dazu »Sieh da: Justitia!«)

214 Vgl. Die Analyse seiner politischen Orientierung als politischer Schriftsteller in der Dissertation von Willam John King: Kurt Tucholsky als politischer Publizist. Eine politische Biographie, Frankfurt am Main/Bern: Lang 1983. Im Kontext die Rolle der *Weltbühne* vgl. die Dokumentation der Tagung der Kurt Tucholsky-Gesellschaft zum Thema »Wieder gilt der Feind steht rechts!« : Die Weltbühne, hrsg. von Stefanie Oswalt, St. Inbert: Universitätsverlag 2003. (Schriftenreihe der KTG Bd.1)

Sein Kampf gegen Faschismus und Justizwillkür provozierte sowohl die Machthaber der Weimarer Republik und ganz besonders in der Katastrophenwarnung vor dem Nationalsozialismus die bereits agierende faschistische Rechte. Bücherverbrannt, ausgebürgert, mit Schreibverbot belegt, als Reichsfeind diffamiert, geächtet und verfolgt schied Kurt Tucholsky 1935 als »aufgehörter Schriftsteller«[215] im schwedischen Exil freiwillig aus dem Leben.

2. Das Publikations- / Pressemedium: »Die Weltbühne«: literarische und politische Bühne

Die thesenartig behauptete Doppelfunktion von Tucholskys Beitrag als literarischer und sachjournalistischer Text resultiert auch aus dem Publikationsorgan der Wochenschrift »Die Weltbühne«, hervorgegangen aus der Wochenschrift »Die Schaubühne«. Sie stellte in der Weimarer Republik ein linksbürgerliches Journal dar, das überregional und international beachtet wurde und literarische sowie journalistische Ansprüche als meinungsbildendes politisches Kulturforum an seine Autoren stellte. Die Herausgeber Siegfried Jacobsohn, nach seinem Tod kurzfristig Kurt Tucholsky und in den brisanten Zeiten der 30iger Jahre Carl von Ossietzky stellten höchste journalistische und literarische Ansprüche an die Weltbühne-Autoren. Als verantwortlicher Redakteur hatte Ossietzky die Weltbühne-Prozesse gerichtlich zu vertreten, die sich an den gesellschaftskritischen und politprovokanten Artikel entfachten, an denen auch Tucholsky als Autor beteiligt war. So auch im Falle des Beitrags »Der bewachte Kriegsschauplatz«, der in seiner satirischen Funktion sowohl als Glosse als auch als politisch provokanter bzw. diffamierender Presseartikel gelesen wurde und zu entsprechenden Klagen und Prozessen führte. Die noch zu belegende Mischung des Artikels aus journalistischer, feuilletonistischer, kommentierender und literarisch satirisch inszenierter Schreibe führte zu einem politischen und juristischen Aufruhr, die Tucholsky und der Weltbühne-Redaktion nicht unerwartet traf. So wurde eine unangefochtene Autorität, nichts Geringeres als die Exhortatio des

---

215 Vgl. die einschlägige Biographie von Michael Hepp: Kurt Tucholsky. Biographische Annäherungen. Reinbek bei Hamburg: Rowohlt 1993

Papstes, als Textreferenz in derselben Nummer der »Weltbühne« abgedruckt und deren vom deutschen Episkopat manipulierte deutsche Übersetzung entlarvt und angeprangert. Ein provokantes delikates Diskussionsforum war eröffnet. Die literarisch-satirische und journalistisch-politische Jonglage des Textes zeigte erfolgreiche Wirkung sowohl in der Prozesslawine als auch in der Verteidigung des Textes in der medienöffentlichen und juristischen Auseinandersetzung u. a. mit Tucholskys Stellungnahme zum Prozess. Nicht nur der politische Feind polemisierte, auch das befreundete pazifistische Lager reagierte kritisch in der Kommentierung des sachtextlichen Gehalts, am argumentativsten die Hiller Entgegnung.[216]

Beide Lesarten als literarisch gestalteten, satirischen Text (»Glosse«) und / oder politischen bzw. juristisch relevanten Medienartikel (politischer Kommentar) kann man durchgehend in den journalistischen, politischen und juristischen Reaktionen ablesen, die zeitgeschichtlich erfolgten und die in der Rezeptions- und Prozessgeschichte des Textes ablesbar sind.

3. Der Text

Der bewachte Kriegsschauplatz

Im nächsten letzten Krieg wird das ja anders sein ... Aber der vorige Kriegsschauplatz war polizeilich abgesperrt, das vergißt man so häufig. Nämlich:
Hinter dem Gewirr der Ackergräben, in denen die Arbeiter und Angestellten sich abschossen, während ihre Chefs daran gut verdienten, stand und ritt ununterbrochen, auf allen Kriegsschauplätzen, eine Kette von Feldgendarmen. Sehr beliebt sind die Herren nicht gewesen; vorn waren sie nicht zu sehen, und hinten taten sie sich dicke. Der Soldat mochte sie nicht; sie erinnerten ihn an jenen bürgerlichen Drill, den er in falscher Hoffnung gegen den militärischen eingetauscht hatte.
Die Feldgendarmen sperrten den Kriegsschauplatz nicht nur von hinten nach vorn ab, das wäre ja noch verständlich gewesen; sie paßten keineswegs nur auf,

---

216 Kurt Hiller: Sind Soldaten Mörder? Die Friedens-Warte H.8/1932, vgl. in Dokumentation Hepp/Otto: »Soldaten sind Wörter«, a.a.O.

daß niemand von den Zivilisten in einen Tod lief, der nicht für sie bestimmt war. Der Kriegsschauplatz war auch von vorn nach hinten abgesperrt.
»Von welchem Truppenteil sind Sie?« fragte der Gendarm, wenn er auf einen einzelnen Soldaten stieß, der versprengt war. »Sie«, sagte er. Sonst war der Soldat ›du‹ und in der Menge ›ihr‹ – hier aber verwandelte er sich plötzlich in ein steuerzahlendes Subjekt, das der bürgerlichen Obrigkeit untertan war. Der Feldgendarm wachte darüber, daß vorn richtig gestorben wurde.
Für viele war das gar nicht nötig. Die Hammel trappelten mit der Herde mit, meist wußten sie gar keine Wege und Möglichkeiten, um nach hinten zu kommen, und was hätten sie da auch tun sollen! Sie wären ja doch geklappt worden, und dann: Untersuchungshaft, Kriegsgericht, Zuchthaus, oder, das schlimmste von allem: Strafkompanie. In diesen deutschen Strafkompanien sind Grausamkeiten vorgekommen, deren Schilderung, spielten sie in der französischen Fremdenlegion, gut und gern einen ganzen Verlag ernähren könnte. Manche Nationen jagten ihre Zwangsabonnenten auch mit den Maschinengewehren in die Maschinengewehre. So kämpften sie.
Da gab es vier Jahre lang ganze Quadratmeilen Landes, auf denen war der Mord obligatorisch, während er eine halbe Stunde davon entfernt ebenso streng verboten war. Sagte ich: Mord? Natürlich Mord. Soldaten sind Mörder. Es ist ungemein bezeichnend, daß sich neulich ein sicherlich anständig empfindender protestantischer Geistlicher gegen den Vorwurf gewehrt hat, die Soldaten Mörder genannt zu haben, denn in seinen Kreisen gilt das als Vorwurf. Und die Hetze gegen den Professor Gumbel fußt darauf, daß er einmal die Abdeckerei des Krieges »das Feld der Unehre« genannt hat. Ich weiß nicht, ob die randalierenden Studenten in Heidelberg lesen können. Wenn ja: vielleicht bemühen sie sich einmal in eine ihrer Bibliotheken und schlagen dort jene Exhortatio Benedikts XV. nach, der den Krieg »ein entehrendes Gemetzel« genannt hat und das mitten im Kriege! Die Exhortatio ist in dieser Nummer nachzulesen. Die Gendarmen aller Länder hätten und haben Deserteure niedergeschossen. Sie mordeten also, weil einer sich weigerte, weiterhin zu morden. Und sperrten den Kriegsschauplatz ab, denn Ordnung muß sein, Ruhe, Ordnung und die Zivilisation der christlichen Staaten.

Ignaz Wrobel[217]

---

217 Aus: Die *Weltbühne* Nr. 31 vom 4. August 1931, S. 30-31

Um die Doppelstrategie von Tucholskys Text zu verdeutlichen, sollen textgestaltende Strategien beleuchtet werden, die die satirisch geprägte Inszenierung und die politische Wegführung der Sachkommentierung beleuchten.
Besonders der 1. Abschnitt ist hoch differenziert gestaltet.
Es geht um die Explikation der Textüberschrift »Der bewachte Kriegsschauplatz«, die bereits die Vorstellung eines militärischen Sandkastenspiels suggeriert: das durch Draufsicht / Totale markierte operative Feld. Neben dem militärischen und zeitgeschichtlichen Festlegungen (›voriger Krieg, Soldat, Feldgendarmen, militärischer Drill, schießen …‹) wird ein ziviles Sprachinventar eingeblendet, das die militärische Ernsthaftigkeit konterkariert (›polizeilich abgesperrter Schauplatz, Kette, Gewirr von Ackergräben, Arbeiter und Angestellte, gut verdienende Chefs, bürgerlicher Drill…‹). Die satirische Verfremdung gelingt mit der jargonhaften Kumpelhaftigkeit der Beobachter- und Kommentierungssprache, Berliner Dialekt anspielend, (»… wird das ja ganz anders sein, …vergisst man so häufig, …stand und ritt ununterbrochen …auf allen Kriegsschauplätzen, …sehr beliebt nicht gewesen, …hinten tat man sich dicke…«) und der katastrophalen Diagnostik im Stil des Understatement mit konnotierender Doppeldeutigkeit (»Im nächsten letzten Krieg…, sich abschossen, während ihre Chefs daran gut verdienten, …«). Die parodistische Form und der satirische Ernst der Tatbestandsaufnahme wird nach Vorstellung der Szenerie im 2. Abschnitt filmreif dokumentiert, indem das mörderische Katz und Maus Spiel, die Soldatenhatz der Feldgendarmerie gegenüber Deserteuren als Schutz gegenüber den zivilen Zuschauern begründet wird. Zugleich charakterisiert Tucholsky anspielerisch den Schauplatz als Schlachtfeld – analog zu den antiken Arenaspielen (vgl. die Albtraumszene in »Schloss Gripsholm«218) – oder an den martialischen Sprachgebrauch von »Schlachtfeld« bei Fußballturnieren.
Die szenische Theatralik als veranschaulichendes Spielfeld seines dialektischen Spiels mit Täter und Opfer, mit Bürger und Militär, mit Befehlsgeber und Mörder fokussiert eine militärische Aktion. Die demonstrative und demonstrierende Einblende verdrängt die Totale, die Draufsicht auf

---

218 Vgl. Vogel, Harald (1997): Tucholsky lesen. Leseportraits Bd.1. Baltmannsweiler: Schneider Verlag Hohengehren, Kap. IV, S. 54ff.

das mörderische Planspiel. Grenzkontrolle (Personenidentifikation) gilt als Sicherung des ordnungsgemäßen Tötungsrituals, kontrolliert, wie es später zynisch heißt, die ›Verklappung‹ des soldatischen Schlachtviehs.
Die rhetorische Mischung wiederum aus Jargonsprache, Zivilsprache und Militärsprache, von kommentierendem und beobachtend-beschreibendem Reportagestil persifliert Kriegsberichterstattung und Stammtischjargon mit militärischer Fachsprachlichkeit und erzeugt eine Sprachkulisse aus Komik, karikierender Bildlichkeit und sarkastischer Glossierung von Wirklichkeitsstilisierung. Der Autor spielt dabei in wenigen Sätzen mit mehreren Rollen: Kriegsbeobachter, Hintergrundsberichterstatter, Kommentator und Zeitzeuge sowie Ankläger und Richter. Eine strafrechtliche Beurteilung erfolgt abschließend im Stil eines Leitartikels (»In diesen deutschen Strafkompanien …«). Sie bedient sich, um Einvernehmen zu erlangen, listig eines besonders raffinierten Vergleichs zwischen der Folternorm in der französischen Fremdenlegion und deutscher mörderischer Grausamkeit.
Während die Hauptaufmerksamkeit (»spielten sie…«) auf Frankreich und die Fremdenlegion gelenkt wird (Feindbildprojektion), perspektiviert Tucholsky das Stigma der Grausamkeit als Tatsachenbehauptung auf die Deutschen (»In diesen deutschen Strafkompanien sind Grausamkeiten vorgekommen, deren Schilderung, spielten sie in der französischen Fremdenlegion, gut und gerne einen ganzen Verlag ernähren könnte.«) Eine dialektische Perspektivenverschiebung, die das Feindschaftsvorurteil zu Frankreich zu einem Urteilsetikett für die Deutschen umprägt. Die Pervertierung von Militäraktion und Militärjustiz findet eine zynische Zuspitzung in der mörderischen militärischen Treibjagd auf dem Schlachtfeld der Ehre. (»Manche Nationen jagten ihre Zwangsabonnenten auch mit den Maschinengewehren in die Maschinengewehre.«) Damit ist die Lynchjustiz des Kriegsschauplatzes sarkastisch pointiert. Die abschließende lapidare Feststellung: (»So kämpften sie.«) schließt den Kreis zum apokalyptisch auslegbaren Eingangsstatement zum »nächsten letzten Krieg …«.
Das satirisch inszenierte Experimentierfeld Kriegsschauplatz ist durchgespielt. Schlussfolgernd geht die Transferargumentation weiter und eine politische Reallogik führt provokativ und stringent weiter bis zur Mörderthese,

die, auch juristisch kalkuliert, zu der knappsten und damit auf die logische Relation und bis zum bitteren Ende gedachten Formel führt: »Soldaten sind Mörder.«

Die These legitimiert sich zeitgeschichtlich (»vier Jahre lang«, Bezug Erster Weltkrieg) und realpolitisch (»Da gab es vier Jahre lang ganze Quadratkilometer Landes, auf denen war der Mord obligatorisch …«, kalkuliertes, willkürliches Töten). Die Mörderthese autorisiert Tucholsky persönlich, aber im Geltungsanspruch verallgemeinernd: »Sagte ich: Mord? Natürlich Mord. Soldaten sind Mörder.«

Die Redundanz der These ermöglicht auch in der Prozesslawine sowie im öffentlichen Diskurs eine Chance, diesen Satz dialektisch, moralphilosophisch, gesetzesexegetisch, politisch, ideologisch, militärgerichtlich, stilkritisch, aussagelogisch, presserechtlich, didaktisch, pädagogisch auszulegen und zu begründen. Die Kontextgeschichte belegt diese Interpretationsmöglichkeiten und Funktionen als Gebrauchstext für eine affirmative, diskursive und anklägerische Rezeption des ›Satzes‹.

Den letzten Abschnitt des Artikels dominiert anfangs noch das journalistische Blickfeld: zeitgenössische politische Verfolgungs- und Rechtfertigungsbeispiele für gleichgesinnte Sprachtäter bzw. –opfer und der zitierte Zuspruch von päpstlicher Seite, auch mit der radikalisierten Urteildrastik und moralischen Urteilsrigorosität. Tucholsky positioniert am Schluss seinen Urteilssatz bezogen auf Deserteure deutschspezifisch, zivilisationskritisch und religionsethisch:

»Sie mordeten also, weil einer sich weigerte, weiterhin zu morden. Und sperrten den Kriegsschauplatz ab, denn Ordnung muß sein, Ruhe Ordnung und die Zivilisation der christlichen Staaten.«

4. Der Satz / die Debatte

Es wurde schon erwähnt, dass die apodiktische Zuspitzung der These »Soldaten sind Mörder« auch in der politischen und juristischen Debatte als Signalsatz, Motto, Agitationslosung, Anklagedelikt, Debattenmotto, Stigmatisierungs- und Ideologisierungsinitial zitiert, gebraucht, variiert und von der Textreferenz isoliert wurde. Auch der didaktische Rekurs auf die Satzsemantik und den Gebrauchswert der These sowohl vom Signalwort »Soldaten« bzw. »Mord« als auch in der Verknüpfungssetzung »sind« wird im didaktischen Teil veranschaulicht.

5. Der Kontext: Paralleltexte und Dokumentation der Prozessgeschichte
Die Weltbühnedebatte zum Thema Pazifismus, Militarismus, Nationalismus, Reaktion und Faschismus ist nicht erst mit Tucholskys Artikel angestoßen. Auch der durch den »Soldaten sind Mörder«-Satz angefachte Strafprozess hat Vorgänge durch berühmt gewordene *Weltbühne*-Prozesse. Ossietzky, als verantwortlicher Redakteur stand im Mittelpunkt der juristischen, politischen und strafrechtlichen Verfolgung. Tucholsky, der ab 1933 ins Exil endgültig Verbannte, konnte nicht mehr Ossietzky persönlich juristisch beistehen, was ihn sehr belastete. Die versierten Rechtsanwälte Apfel und Olsen übernahmen die Verteidigungsrollen und überzeugten das Reichsgericht durch ihre berühmt gewordene Zitatensammlung aus der Weltliteratur und von Weltautoritäten.[219] Diese Wirkung wurde auch später in den Prozessen vor dem Bundesverfassungsgericht erreicht. Entscheidend für unseren Zusammenhang ist die Aufmerksamkeit, die Tucholskys Text als politischer Text gewann. Die dokumentierte Prozessgeschichte belegt dies bis heute.

6. Didaktische Überlegungen und Zugänge
Im folgenden soll ein Lehr-Lern-Arrangement skizziert werden, das in einem ersten Zugriff die Genese des Textes »Der bewachte Kriegsschauplatz« bzw. des ›Mörderzitats‹ anschaulich macht [A], im folgenden die Rezeptionsgeschichte auffächert [B] und schließlich das Spannungsfeld von Text, Bild und Wirklichkeit absteckt [C].[220]

A. Textgenese
Die Textgenese fußt auf den traumatischen Erfahrungen des Ersten Weltkriegs, den Tucholsky im ›bewachten Kriegsschauplatz‹ für seine Leserschaft

---

219 s. die Dokumentation von Michael Hepp und Viktor Otto: »Soldaten sind Mörder«, a.a.O.

220 In Ergänzung zu den hier abgedruckten Ausführungen ist ein digitalisiertes Materialarrangement zugänglich (*http://www.ph-ludwigsburg.de/tucholsky/*).

zeitlich markiert (»vier Jahre lang«) und in dessen Folge sich der Autor in der Pazifismusbewegung (»Nie wieder Krieg!«) der Weimarer Republik engagiert. Entgegen der staatspropagandistischen Hetze vor und während des Krieges und seiner mystifizierenden Verklärung danach, können Tagebuchbeschreibungen von Zeitzeugen Aufschluss über die menschenverachtende Grausamkeit und den militärischen Charakter des Ersten Weltkriegs geben.[221] Gesellschaftskritische Texte von Tucholsky betreffen u.a. das Militär, die Justiz und den aufkommenden Faschismus.[222] Hepp (1993) arbeitet Vorgeschichte und Reaktionen auf das ›Bilderbuch‹ »Deutschland, Deutschland über alles« auf, dessen Veröffentlichung 1929 zum ersten großen Prozess gegen Die *Weltbühne* führte.[223] Bis zur ›Machtergreifung‹ Hitlers verschärften sich der satirische Grundton der *Weltbühne*-Texte und die zunehmend faschistoid geprägte Gegenreaktion, was im Zusammenhang mit dem ›bewachten Kriegsschauplatz‹ wiederum zur Beleidigungsklage der Reichswehr gegen Tucholsky und die Weltbühne führte.[224] Hepp/Otto (1996) zeichnen den Weg bis zum Erscheinen des Artikels nach.[225] In der betreffenden Ausgabe der Weltbühne vom 4. August 1931 sind dem ›bewachten Kriegsschauplatz‹ Kontexte zur Seite gestellt, auf die sich Ignaz Wrobel (Kurt Tucholsky) namentlich bezieht und verweist: Zum Einen dient die Exhortatio (Mahnschrift) Papst Benedikts XV. als historischer Bezugstext aus dem Kriegsjahr

---

[221] Anlässlich des 90. Jahrestages des Kriegsbeginns 1914 wurden Zeitzeugenberichte und geschichtswissenschaftliche Aufarbeitungen veröffentlicht (u.a. Karl Hampe (2004): Kriegstagebuch 1914-1919. Herausgegeben von Folker Reichert und Eike Wolgast, München: Oldenbourg Verlag – Ausstellung des Deutschen Historischen Museums 2004 – weiterführende Links zum Thema Erster Weltkrieg: *http://www.dradio.de/dlr/sendungen/wk1/286916/*. Stand 01.08.2004).

[222] Kurt Tucholsky (1982): »unser Militär!« Schriften gegen Krieg und Militarismus. Herausgegeben von Richard von Soldenhoff. Frankfurt/M.: Büchergilde Gutenberg
Kurt Tucholsky (1983): »Justitia schwooft!« Schriften zum deutschen Justizalltag. Herausgegeben von Richard von Soldenhoff. Frankfurt/M.: Büchergilde Gutenberg
Kurt Tucholsky (1929): »Deutschland, Deutschland über alles« Ein Bilderbuch von Kurt Tucholsky und vielen Fotografen, montiert von John Heartfield. Reinbek bei Hamburg: Rowohlt Verlag

[223] Michael Hepp (1993): Kurt Tucholsky. Biographische Annäherungen. Kapitel 10 »Ich bin für Tendenz – fest, gib ihm«. Reinbek bei Hamburg: Rowohlt Verlag, S. 291ff.

[224] Vgl. Michael Hepp (1993): Kurt Tucholsky. Biographische Annäherungen. Kapitel 11 »... das Spiel dürfte aus sein.« Reinbek bei Hamburg: Rowohlt Verlag, S. 327ff.

[225] Michael Hepp, Viktor Otto (Hrsg., 1996): »Soldaten sind Mörder«. Dokumentation einer Debatte 1931-1996. Berlin: Christoph Links Verlag

1915, in der er gegen die Grausamkeit des Krieges und für ein baldiges Ende appelliert, zur moralischen Legitimation der These »Soldaten sind Mörder« (»Der Krieg ist eine grausame Schlächterei!«). Zum anderen weist Walther Karsch in seinem »Nachwort« auf die verfälschende Übersetzung des Papstwortes hin, das von der Kriegspropaganda des deutschen Kaiserreichs agitatorisch missbraucht wurde. Außerdem kritisiert Tucholsky die »Hetze gegen den Professor Gumbel« – restaurative Kräfte missbilligten polemisch dessen kriegskritischen Äußerungen.[226]

Zeitgenössische Reaktionen auf den ›bewachten Kriegsschauplatz‹ in der Presse setzen sich inhaltlich-argumentativ mit der ›Mörder-These‹ auseinander.[227] Die gesellschaftlich-politischen Reaktionen auf den Ausgang des *Weltbühne*-Prozesses waren ähnlich disparat: Von den Kommentaren zum Freispruch in der Weltbühne selbst und in sympathisierenden Organen (z.B. *Berliner Volkszeitung*), bis hin zu Hetz-Artikeln in der rechten Presse ist das Meinungsspektrum dokumentiert.[228] Im Zusammenhang mit der zeitgenössischen Reaktion lohnt ein Exkurs zu den Hintergründen der Weimarer Republik – insbesondere unter dem Aspekt der politischen Verhältnisse und der Meinungs- und Pressefreiheit.[229] Mettenleiter/Knöbl (2003) haben ein exemplarisches didaktisches Bucharrangement zu Tucholsky (›Autor, Werk und Leser‹) für den Unterricht der gymnasialen Oberstufe zusammengestellt, das durch die hier vorgestellten Aspekte (und Materialien) ergänzt werden kann.[230]

B. Rezeptionsgeschichte

Neben der zeitgenössischen Reaktion auf Tucholskys *Weltbühne* Artikel in der Weimarer Republik, lohnt eine Auseinandersetzung mit der Rezeptions-

---

226 u.a. wurde Gumbels Zitat in dem ›Gegenbuch‹ der Rechten (als Reaktion auf Tucholskys »Deutschland, Deutschland über alles«) als Beleg für die ›Verkommenheit demokratisch-pazifistischer Kräfte‹ verarbeitet: Edmund Schultz (1931): Das Gesicht der Demokratie. Ein Bilderwerk zur Geschichte der deutschen Nachkriegszeit. Leipzig: Verlag von Breitkopf und Härtel, S. 149

227 Kurt Hiller (1932): Der Soldat und der obligatorische Mord. In: Friedens-Warte Nr. 8/1932, S. 250-251

228 Vgl. Hepp (1993) bzw. Hepp/Otto (1996)

229 hier vor allem zur Weltbühne (Herausgeber, Autoren), ihrer Verbreitung, Intention, Selbstverständnis etc.

230 Peter Mettenleiter, Stephan Knöbl (Hrsg, 2003): Blickfeld Deutsch Oberstufe. Paderborn: Schöningh Verlag, S. 61-83
Peter Mettenleiter, Stephan Knöbl (Hrsg., 2003): Blickfeld Deutsch Oberstufe – Lehrerband. Paderborn: Schöningh Verlag, S. 43

geschichte in der Bundesrepublik bis in die Gegenwart hinein. Die Doppelfunktion des ›bewachten Kriegsschauplatzes‹ als Sachtext und literarisch-satirischer Text legitimiert analoge formal-inhaltliche Analysen:
Auf der Sachtextebene zeigt sich die Verwobenheit militärischer und zivilrechtlicher Fachsprache, die den Hintergrund für die juristischen Auseinandersetzungen liefert. Das provokative Potenzial des herausgelösten Satzes »Soldaten sind Mörder« evozierte in angestrengten Prozessen immer wieder die Klärung des jeweiligen Verwendungszusammenhangs (Diffamierung der Bundeswehr, Slogan der Friedensbewegung, freie Meinungsäußerung etc.).[231] Die fokussierende Analyse der Signalwörter »Soldaten« und »Mörder« zeigt erstens eine Aufarbeitung der militärischen Geschichte des Ersten Weltkriegs durch Tucholsky[232] und zweitens seine kritische Durchleuchtung des Militärs in der Weimarer Republik und ihres demokratischen Verständnisses.[233] Die im Text sachlogisch aufgebauten Argumentationsmuster zu moralischen, politischen, juristischen, kriegs- und verfassungsrechtlichen Aspekten können aufgearbeitet und u.a. zur Klärung des juristischen Sachverhalts Beleidigung (›Mörder – Mord‹) herangezogen werden.[234]
Auf der literarischen Testgestaltungsebene sticht die Verbindung typischer Merkmale verschiedener Genres heraus, die den literarischen und journalistischen Anspruch des Artikels markiert. Die informativen und kommentierenden Funktionen eines Pressetextes wurde in der *Weltbühne* von Anfang an mit einem kulturjournalistischen Anspruchsniveau verbunden, der wesentlich von Egon Erwin Kischs Reportagestil beeinflusst wurde.[235]

---

231 Vgl. Kontroverse im Zusammenhang mit der ›Wehrmachts-Ausstellung‹ (inzwischen digital verfügbar: *http://www.verbrechen-der-wehrmacht.de/*, Stand 01.08.2004)

232 Was einen historischen Exkurs zur Hintergrundinformation (z.B. zu Propaganda, Stellungskrieg, Einsatz von Massenvernichtungswaffen, zivile Opfer) lohnend erscheinen lässt.

233 Vgl. Tucholskys zugespitzte Gesellschaftskritik in der Weltbühne, in der er die Krise der Weimarer Demokratie herausarbeitet vs. restaurative Kräfte, die eine ›Befreiung‹ Deutschlands im Abschaffen der abgewirtschafteten Demokratie sieht (Vgl. Schlusswort in dem Schultz-Band »Das Gesicht der Demokratie«, S. 151f.).

234 Vgl. Wolfgang Häring, Bernd Schurf (Hrsg., 2001): Texte, Themen und Strukturen. Deutschbuch für die Oberstufe. Berlin: Cornelsen Verlag (darin u.a. zur Analyse von Argumentationsansatz und -struktur S. 70ff. und zur Analyse journalistischer Texte sowie längerer Sachtexte S. 115ff.)

235 Vor dem Hintergrund aktueller Medienberichterstattung kann in diesem Zusammenhang der Problemkreis ›Meinungsmache der Medien‹ thematisiert werden.

Der Journalist und Kabarettautor Tucholsky verbindet im ›bewachten Kriegsschauplatz‹ Elemente der Glosse (kommentierend-wertender Journalismus), der Reportage (politisch-informativer Journalismus) und der Satire (kabarettistisches Genre). Die letztere Darstellungsebene ergibt sich einerseits, dass hinter dem journalistisch als politischer Text arrangierten Artikel[236] eine ironische, z. T. polemische, parodistische, leicht zynisch anspielerische Perspektivierung der Berichterstattung und Kommentierung mitgelesen wird, die von einer satirischen Feder geführt wird: eine geschickte Montage von Widersprüchen, z. B. das synchrone Wechselspiel zwischen beobachtender Distanz und kommentierender Einlassung, von Berichterstatter- und Kritikerrolle eines moralistischen und listigen Provokateurs, das dialektische Spiel zwischen dokumentarischer und konnotierender Darstellungsregie bzw. Bildszenerie, von spezifizierender Einzelfalldramatik und sentenzhafter Verallgemeinerung. Im Stil der engagierten Literatur und politischen Glossierung wird ein politischer Gebrauchstext funktionalisiert zu einer Politsatire.

In diesem meinungsbildend strategisch und szenisch angelegten Arrangement vereinfacht Tucholsky zum Zwecke der Anschauung den Kriegsschauplatz modellhaft zu einem (Schlacht-) Feld mit bewachten Außengrenzen und einer Frontlinie, an der sich verfeindete Soldaten zum Morden (absichtsvolles Töten) gegenüberstehen. Der Text erfüllt unterschiedliche Lesererwartungen: als Kommentar erläutert er die drastische Anschaulichkeit des ›Modells‹ (»So kämpften sie«), als Hintergrundbericht enthält er eine recherchierende Rückblende auf den Ersten Weltkrieg, als Leitartikel spitzt er die thematisierte Kriegswirklichkeit provokativ urteilend zu (»Soldaten sind Mörder«).

Die Wirkungsqualität des Textes hängt von der literarischen Raffinesse der Textgestaltung ab. Seine politische Provokation liegt in der argumentativen Zuspitzung auf einen allgemeingültigen Slogan begründet, der ein in verschiedenen Kontexten verwendbares Referenzpotenzial auf gesellschaftliche

---

236 Eine pointierte, historisch positionierte Themenexposition: Beispielszenerie mit dramatischer Veranschaulichung und exemplarisch kommentierender Auswertung sowie referierender Autorisierung (Quellen, Zitate) und provokanter Schlusspointe

Wirklichkeiten besitzt. Die Motivation für ein zeitüberdauerndes Leseinteresse hängt wiederum von der literarischen Qualität des Textes ab.
Wie die Rezeptionsgeschichte belegt, besitzt der Text sowohl Sachtext- als auch literarische Qualitäten, wodurch er didaktische Exemplarität gewinnt. Da dies insgesamt die Texte Tucholsky auszeichnet, eignet sich der Autor exemplarisch für einen literarischen Projektunterricht zu ›Autor, Werk und Leser‹,[237] zur literarischen Erörterung bzw. Argumentation, zu ›Schreiben über Sachtexte‹ (Textsorten und Sprachfunktionen)[238] und zu journalistischem und literarischem Schreiben im Rahmen produktionsorientierten Unterrichts.

C. Text, Bild und Wirklichkeit

In einem weiteren Schritt kann das Spannungsfeld von Text, Bild und Wirklichkeit abgesteckt werden. Die Referenz auf Wirklichkeit kann textlich fixiert über das Sprachsystem oder semiotisch u.a. über Bilder erfolgen. Das Problem, das sich dabei sowohl beim wirklichkeitsorientierten literarischen Schreiben, als auch bei der wirklichkeitsorientierten visualisierten Kommunikation ergibt, ist der Anspruch nach Wahrheit im Hinblick auf dokumentierte Beobachtung und Kommentierung von Wirklichkeit. Diese Aufgabe stellt sich besonders in der journalistischen Kommunikation. Tucholsky wählt in der *Weltbühne* den journalistisch-literarischen Weg und experimentiert mit der Kombination von Text und Bild in seinem Buch »Deutschland, Deutschland über alles«. Mithilfe der Satire und der Bildmontage – in Zusammenarbeit mit John Heartfield – kann er sein Prinzip des engagierten Schriftstellers durchhalten, in dem er durch Pointierung zur gesellschaftskritischen Meinungsbildung beiträgt. Mit diesem Text-Bild-Medium erreicht er die gleiche politisch-gesellschaftliche Wirkungskraft wie mit dem ›bewachten Kriegsschauplatz‹, weshalb auch zu diesem Buch ein Prozess angestrengt wurde.[239]

Wie ernst dieses satirische Bilderbuch »Deutschland, Deutschland über alles« genommen wurde, zeigt neben der Zensur die Gegenpublikation »Das

---

237 Vgl. Arrangement in *Blickfeld Deutsch Oberstufe* (s.o.)
238 Vgl. Kapitel in *Texte, Themen und Strukturen* (s.o.)
239 Vgl. Kapitel 10 der Biografie von Hepp (s.o.)

Gesicht der Demokratie« der rechten, nationalsozialistisch orientierten Meinungsbildung.[240] Auf den Skandal der beiden Bücher und vor dem Hintergrund der eingetretenen faschistischen Katastrophe reagierte mit dem gleichen Bild-Text-Journalismus Tucholskys Witwe Mary Gerold-Tucholsky mit dem Band »Kurt Tucholsky und Deutschlands Marsch ins Dritte Reich«, das in Korrespondenz zur Ausstellung ›50. Wiederkehr der ›Machergreifung‹ 1983 in Berlin erschien.[241]

In Fortsetzung der politischen Bild-Text-Satire hat sich eine Tradition entwickelt, die ihr politisches literarisches Engagement in Rückgriff auf diese Vorbilder inszeniert. Herausragende Beispiele sind u.a. Bertolt Brechts Fotoepigramme in der *Kriegsfibel* (1955)[242] und die Bildagitation von Klaus Staeck (Postkarten und Plakate).[243] Das beherrschende Stilprinzip: analog zum Papstzitat im ›bewachten Kriegsschauplatz‹ von Tucholsky werden Bild- und Textzitate in satirischer Zuspitzung montiert.[244] Der bildliche Bereich korrespondiert mit der Karikatur, der textliche Bereich findet eine Parallele in der Glosse.

Downloadangebot: PowerPoint Präsentation

»Soldaten sind Mörder«: Tucholskys Satz – Text – Kontext. Didaktische Zugänge

http://bit.ly/haraldvogel

---

240 siehe oben

241 Mary Tucholsky, Friederich Lambart (Hrsg., 1983): Kurt Tucholsky und Deutschlands Marsch ins Dritte Reich. Betrachtungen zum Dritten Reich von kurt Tucholsky aus den Jahren 1923-1935 mit einer Dokumentation von Plakaten der NSDAP. Berlin: Verlag Albert Hentrich

242 Bertolt Brecht (1955): Kriegsfibel. Berlin: Eulenspiegel Verlag

243 Klaus Staeck (2004): Posrkarten (große Serie). Eine Auswahl von 100 verschiedenen Postkarten zu unterschiedlichen Themen aus den Jahren 1970 bis in die Jetztzeit im Sammelkarton. Heidelberg: Edition Staeck (Informationen unter: *http://www.staeck.com/*, Stand 01.08.2004)

244 Die Zitat-Bild-Textmontage birgt didaktisches Potenzial, weil sie im interdisziplinären Unterricht analysiert und frei oder thematisch eingegrenzt und u.a. mit Hilfe des Computers (z.B. MS Powerpoint) produziert werden kann.

Nachweise

Das Kurt Tucholsky Chansonbuch hrsg. von Mary Gerold-Tucholsky und Hans Georg Heepe. Reinbek bei Hamburg: Rowohlt 1983: S. 24, 67, 100, 108, 121, 132, 134, 137, 138, 139

Kurt-Tucholsky-Archiv: (s. Harald Vogel, Tucholsky lesen, Baltmannsweiler: Schneider Verlag Hohengehren 1997): S. 4, 33, 52, 53, 101

Kurt Tucholsky für Boshafte, Berlin: Insel 2011, it.3647: S. 34

Die Zeit fährt Auto. Erich Kästner zum 100. Geburtstag. Ausstellungskatalog hrsg. von Manfred Wagner. Berlin und Münchner Stadtmuseum 1999: S. 4, 16, 42, 44, 47, 52, 101

EK 1899-1989. Zum 90. Geburtstag Erich Kästners. Ausstellungsbegleitheft. Frankfurt am Main: Stadt- und Universitätsbibliothek Frankfurt a. M. (Hrsg.) 1989: S. 112

Erich Kästner, Kennst Du das Land, wo die Kanonen blühen? Illustriert von Herbert Sandberg, Berlin 1967: S. 28, 127